1人1台タブレットではじめる

小学校ICTの授業づくり

超入門！

高橋　純・水谷年孝 編著

明治図書

はじめに

　愛知県春日井市の学校では，GIGA スクール構想によって，授業のみならず，学校経営や教員研修も次々と改善しています。授業では，子ども一人ひとりの様子がつかみやすくなり，子ども同士の対話が増えるなど，よりよくなった手ごたえを感じています。校務もスムーズに進み，日常の先生同士の情報交換が教員研修の一端を担い始めています。本書は，こうしたノウハウをまとめたものです。

　1人1台タブレットを生かそうと考えると，すぐに授業での活用と考えるかもしれません。しかし，すべての子どもや先生が上手に活用するためには，多くの道のりがあります。

　本書では，本当の最初の一歩からまとめました。活用は始まったけれども，どうもうまくいかないとお感じの方に，改めて最初の一歩から確認していただきたいと考えました。また，本書は，遅れて出版された分，実績のある地域全体での取組をまとめることができました。特別に優れた実践者や学校の先行実践というわけではありませんので，少し物足りないかもしれません。その代わり，誰でも日常的に取り組めた実績を重視しています。学校や地域全体の底上げに活用していただきたいと思っています。

そして少し活用が進んでいくと，1日中，タブレットを活用する学級が出てきます。その際，どのような1日になるのかも記してみました。個別最適な学び，協働的な学びといった実践は，少しずつ積み上げていく必要がありますが，その最初の授業イメージでもあります。最後に，さらにレベルアップしていくために何が必要となるのか，基礎的な理論や考え方を記しました。

　執筆にあたり，春日井市の多くの先生の協力を得ることができました。また，明治図書の赤木恭平氏はていねいに粘り強く編集を行ってくださいました。ここに記して深謝申し上げます。

　社会のデジタル化が，いっそう急速に進んでいます。子どもたちの将来を考えれば，学び続ける道具として，自らの道を切り拓いていく道具として，ICTが重要な基盤の1つとなるのは間違いありません。その入口として，GIGAスクール構想があります。本書がそうした発展の一助になればと願っています。

著者を代表して

高橋　純，水谷年孝

はじめに

Chapter1
準備をしよう

Chapter2
まずは先生が使ってみよう

Chapter3
授業をしよう

Chapter4
質の高い実践を普及・定着させよう

Chapter1
準備をしよう

1

子どもに最初に伝えること

　最初に，PC は学習のための道具であることをしっかり伝えましょう。そのうえで大切に扱うための最低限のルールを話していきます。

PC は学習のための道具であることを伝えよう

　1人1台タブレットに初めて出会う子どもたちは，緊張とワクワクでいっぱいではないでしょうか。クラス開きの「はじめの3日間」と同じように最初が大切です。

　最初に「PC は学習のための道具である」ということをしっかりと伝えておきましょう。PC は国の税金で買ったもの，つまり，教科書と同じように大切なものであることを話します。学ぶための道具として配られたわけですから，遊びやゲームなどで使うことはおかしいと子どもたちもすぐにわかります。

　学習のための道具ですから，大切に扱うことも伝えます。PC は，クラウドへの入り口であり，自分の考えを伝えたり友達の考えを知ったりすることにも大変役立つものです。よって，PC を大切に扱うことは，自分や友達を大切にす

ることにもつながると話しましょう。

　その後，教室での使い方のルールを話していきます。例えば，持ち運ぶときの持ち方，使わないときにしまっておく場所，机の上での置き方，アカウントの管理などです。

PC の持ち運び方を確認

　あまり細かいことまで一度にたくさん話すと，子どもたちは覚え切れませんし，PC を積極的に使おうという気持ちも弱まってしまいます。最低限のルールを，場合によっては実際に使用させながら伝えましょう。

　先生側は考えれば考えるほど，1人1台タブレットを使わせることへの不安が大きくなるかもしれません。実際に，使い始めると困ることは必ず出てきます。しかし，それをきっかけに，子どもたちと一緒にルールを決めたり，マナーについて考えたりしていくとよいでしょう。

2
保護者へ伝えること

　ここでは，1人1台タブレットの導入に際して，各地域で実状の違いはありますが，おおよそ保護者へ何を伝えるとよいのかを示したいと思います。

PC活用の目的

　PC活用は何が目的なのかを子どもとともに保護者ともしっかり共有しておく必要があります。子どもがPCを学校だけで活用するのではなく，あらゆる場面で幅広く活用できるように伝えましょう。

　しっかり目的を共有するためにリーフレットなどを作成して伝えていきます。

PC使用のルールなどの周知

　PCの学習機能や使用などのルールについて，共通理解を図り，保護者への協力を依頼します。特にルールが「絵に描いた餅」にならないようにするための工夫として，子どもがルールをどのようにすれば守ることができるのか，

自分の意思で判断しながら行動するような自律を促すための指導を日頃から家庭と共有していく必要があります。

　また，PC の破損，盗難や紛失などがあった場合の対処法や，補償の有無についてもていねいに伝えます。そうすることで，保護者にも安心して PC の活用を子どもに促していただけます。

PC 活用の具体的な学習の方向性

　具体的な活用例を示し，学校や家庭でどのように活用され，どのような活用をするとよいのかを示しましょう。

　また，PC を活用した家庭学習の受け取りや一人ひとりの特性を生かした個別学習が可能になることも伝えていくことで，家庭学習との連携を図りましょう。

情報モラル教育・情報セキュリティについて

　PC の活用にあたり，コミュニケーションツールでのトラブルや個人情報の漏洩などの問題に，子どもが加害者や被害者にならないように取り組んでいく必要があります。

　情報モラル教育では，トラブル事例の紹介ではなく，情報社会に主体的に参画できるよう，問題を自分のこととして自覚させ，どのように対処すればよいのかを考え続けるように家庭と連携していく必要があります。

3

教室での PC の
保管の仕方や運び方

　ここでは，教室内でどのように PC を保管しておくと
よいのか，また充電するときなど，運用上の方法をお話し
していきます。

いつでもどんなときもすぐに使えるように

　学習活動の中で，PC が必要なたびに保管庫から PC の
出し入れをしていては，時間がかかってしまい効率的では
ありません。PC 用のカバンを用意しましょう。

　カバン選びのコツですが，
大きすぎると，床を引きず
ってしまったり，子どもの
足（膝）が当たって落ちて
しまったりします。PC の
サイズを確認してから用意
することがおすすめです。

　机の横にかけておけば，
使用したいときはすぐに取
り出すことができます。特

PC 用カバン

別教室での学習のときは，学習用具で手もふさがりがちです。PC 用のカバンを持って移動するようにすれば，PC を落としてしまうということも防ぐことができます。

充電は一斉に行わない

　充電をするため保管庫へしまうとき，次のように PC に番号をつけておくなど工夫すると出し入れがしやすくなります。

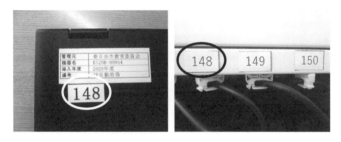

番号をつけた PC と保管庫

　使用頻度にもよりますが，充電は毎日しなくても，1〜2日置きで十分使用できます。一斉に保管庫へしまうとそれだけ時間もかかります。

・番号で区切る。

・グループを決める。

・男女で交代する。

など人数を少なくしてローテーションすると，保管庫へしまう片づけも時間短縮化されます。

4

机上での PC の置き方

ここでは，限られた机上スペースを活用して，教科書・資料・ノート・筆記用具・PC をどのように置くとよいのかについてお伝えします。

置き方の工夫

日本の学校で使用されている学習机のサイズは幅650×奥行450mmが多いでしょう。その限られたスペースには，教科書，教科資料，ノート，筆記用具などが置かれています。そこへ PC が置かれることになると，さらにそのスペースは狭くなります。

学校生活に慣れている小学校の高学年や中学生であれば自分たちで机上を整理しながら工夫して学習活動を進めることができますが，小学校中学年や低学年は，なかなかそうはいきません。置き方が決められていることで迷わず，学習の中身に入っていくことができ，先生も無駄な指示を減らすことにつながっていきます。

置き方の実際

　下の写真は，教科書は使用せず，自分の考えを PC で
まとめたり，整理したりする学習が中心になるときの PC
の置き方です。

　教科書を閉じて，左側へ置き，PC が自分の目の前にく
るように置きます。筆記用具は PC の後ろに置くように
します。

PC・筆記用具

　次は，PC で意見や資料を共有・提示したり，必要な情
報を検索したりしながら，ノートにまとめるような学習が
中心になるときの PC の置き方です。利き手が右手の場
合，右側にノートを置いて左側に PC を置くようにしま
す。タイピングがうまくいかない低学年では，ノートを使
ってまとめる場面が多いのでこのような置き方が多くなり
ます。

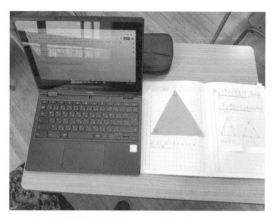

PC・ノート・筆記用具

　次は，教科書や資料集から情報を集めて，PC でまとめ
を作成したり，集めた情報を共有したりするような学習が
中心になるときの PC の置き方です。必要に応じて，教
科書と PC が逆になることもあります。

　タイピングスキルの高い子どもが多い学年では，このよ
うな置き方が多くなります。

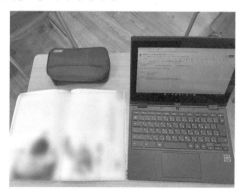

PC・教科書・筆記用具

学習活動の中で，PC が必要ではないときが出てきます。そうした場合は，机の横に PC 用のカバンをかけ，その中にしまうようにします。

PC が必要のないとき

5

児童用アカウントの
伝達と管理

　ここでは，PC の使い始めに，児童用アカウントをどの
ように伝達し，管理するかについてお伝えします。

アカウントシートの作成と伝達・管理

　アカウント情報は，子どもたちが PC を使うとき，一
番はじめに提示し，その管理などについて指導する必要が
あるものです。PC の使い始めをスムーズに進めるために
は，簡易的なものでよいので，まずはアカウントシートを
作成して提示するようにします。

　次頁の図は必要最低限の情報を A 4 紙 1 枚のシートで作
成したものです。このシートには，

・メールアドレス

・ユーザー名

・パスワード

の他，子どもが使用する PC の管理番号などが表示して
あります。アカウント情報にはパスワードが含まれるため，
伝達時には個人情報の管理などについて併せて指導するこ
とが必要になります。シートには他の人に見られないよう

に保管する旨の注意書きを，低学年の子どもたちにもわか
りやすい短い文章にして記載するとよいでしょう。どの学
年も，各担任がこのシートをもとに同じように指導するこ
とができます。

Gsuite for Education 児童アカウント

<u>1</u>年<u>1</u>組<u>1</u>番　氏名 ████████

■あなたのアカウントは、
<u>2020●●●●@school.kasugai.ed.jp</u>　です。

■あなたの使用するクロムブック（ｸﾞﾚｯﾄﾊﾟｿｺﾝ）
の番号は、<u>R2-571</u>　です。

■登録情報

氏　　名	████████
ユーザー名	2020●●●●
パスワード	＊＊＊＊＊＊＊＊

パスワードは、クロムブック（ｸﾞﾚｯﾄﾊﾟｿｺﾝ）や、
Gsuite for Education にログインするときに必要な
ものです。この用紙は、他の人に見られないように
各自で大切に保管してください。

アカウントシート

シートは，クリアファイルなどに入れて子どもたち自身で管理できるように指導します。紛失などにより情報が必要になった場合に対応できるように，学級ごとに子ども全員のアカウント情報を1枚のシートにまとめたものを各担任が管理するとよいでしょう。

　日常的な活用が進むと，子どもたちはすぐにアカウント情報を記憶するため，ログインのたびに毎回シートを出して入力することはなくなります。このため，紛失などは実際にはほとんどありません。

PC の使い始めを振り返って

　児童用アカウントは，サポート業者との連携により PC が導入されるかなり前から付与されていました。また，PC は子どもたちに固定配付し，日中は子どもたちで管理することを事前に決めていたので，使い始めから子どもたちに管理番号を示して管理させることができました。

　これらは，どのようなスケジュールで PC を使い始め，運用していくかに関係することですが，導入・運用面の基本的な方針を早めに決めておくことで，アカウント情報の伝達を含めた PC の使い始めがとてもスムーズに進んでいきます。

6

情報モラルの指導

　指導すべき最低限の内容は最初に教えます。しかし，禁止事項はできるだけ減らし，失敗経験も大切にしつつ子どもに考えさせながら指導を行うことが基本です。

必要なことは教え，失敗する経験も大切に

　1つ目のポイントは，必要なことは最初に指導をしておくことです。文部科学省の「教育の情報化に関する手引」では，次頁の図のように情報モラルを「日常モラル＋情報技術の仕組み」という関係で捉えています。

　この中で最初に指導すべきは「日常モラル」に関連した次の内容だと考えています。

① 　話を聞くときは PC を触らず話者を見て聞く（節度）。
② 　人を傷つけたり，不快な思いをさせたりする使い方はしない（思いやり，礼儀）。
③ 　個人情報の漏洩，肖像権の侵害に留意する（正義，規範）。

特に，「パスワードを教えない」「人の個人情報を書き込まない」など③の内容は十分指導しておく必要があります。一方，情報の信憑性やネットの中毒性などの「情報技術の仕組み」については，ネット検索をさせたり，休み時間も常に PC を触るような子どもが見られたりするような場合に，必要に応じて指導をするとよいでしょう。

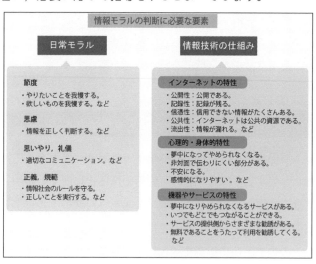

情報モラルの判断に必要な要素
（文部科学省「教育の情報化に関する手引」p44，図２－７より引用）

　２つ目のポイントは，１人１台タブレット導入の背景を子どもにも理解してもらうことです。導入の背景は様々ありますが，最大の目的は，次の図に示すものだと考えています。

　この点を，小学校中学年以上の子どもには指導しておきます。そうすることで，ゲームをしてもよいかなどと質問

があった際に「何のための道具だった？」と原点に戻って指導することが容易にできます。

society5.0 人口減少社会 の到来	コンピュータを 学習の道具ではなく 遊びの道具と捉える 日本の小中学生

コンピュータを学習の道具として活用し、自ら学べる学習者を育てるため

1人1台タブレット導入の背景

　いずれにしろ，禁止事項を過剰に増やすことは得策ではありません。失敗経験からはより実感を伴った学びを得ることができます。トライ＆エラーを原則としつつ，子どもに考えさせながら指導をすることが大切です。

7
PC の操作スキルの指導

　ここでは，PC 操作スキルの指導について説明します。朝の１時間目の前の短学活の時間や，総合の時間などに，基本的な操作方法を学級全体で指導しましょう。

操作スキルの指導

　朝の短学活や総合などで基本的な操作方法を学級全体に指導しておくと，子どもたちは迷うことなくその後の活動に取り組むことができます。
　まず，
・ポインタを動かす
・クリック
・右クリック
・ドラッグ＆ドロップ
を教えることで，多くの活動に取り組めます。
　基本の４つの操作方法を教えたら，取り組む活動に必要な操作を，１つずつ教えていくとよいでしょう。

ポインタを 動かす	タッチパッドの上に1本の指を置いて, 指 先を動かします。
クリック	1本の指でタッチパッドの下半分を押すか タップします。
右クリック	タッチパッドを2本の指で押すかタップし ます。または, Alt キーを押してから, 1 本の指でタップします。
ドラッグ＆ ドロップ	移動するアイテムにポインタを合わせた状 態で, 1本の指でクリックしたまま, 希望 の位置までドラッグして指を離します。

基本の4つの操作方法

　この他にも覚えておくと便利な機能はありますが, 授業
の中で使うものは限られています。

　基本的な操作方法を習得させて, 他の機能は必要に応じ
て教えていきましょう。また, 誰かが習得した操作スキル
を学級内で共有できるようにすると, 子どもたちのスキル
向上にもつながります。

スクロール	タッチパッドに2本の指を置き，上下に動かすと縦スクロール，左右に動かすと横スクロールができます。
ページ間を移動する	タッチパッドの上で2本の指を左にスワイプさせると履歴の前のページへ，右にスワイプすると履歴の次のページへ移動します。
開いているウィンドウをすべて表示する。	3本の指で上にスワイプします。また，下にスワイプするとウィンドウを閉じられます。
タブを閉じる	閉じたいタブにポインタを合わせてから，3本の指でタップまたはクリックします。
タブを切り替える	複数のタブを開いている状態で，3本の指で左または右にスワイプします。

覚えておくと便利な機能

8

キーボードの操作スキルの指導

　ここでは，ローマ字を学習する前の２年生でのキーボードの操作スキルの指導について紹介します。

ローマ字入力ができることを体験させよう

　ローマ字入力は，１人１台タブレットを活用していくうえで必要不可欠です。しかし２年生はローマ字どころかアルファベットすらも習得していません。

　そこでまずは，キーボードの「a・i・u・e・o」のキーを打つと平仮名が打てるというところから始めます。子どもに実際に確かめさせます。

　その後「k」を打ち，「a・i・u・e・o」をつけ，特定の子音と母音を組み合わせると，五十音を打てることに気づかせます。

　すると子どもたちは「か行」以外の五十音すべてを探そうと夢中で取り組むようになります。

正しい入力の仕方を身につけよう

　子どもがローマ字入力をしている姿を見ると，利き手の人差し指だけで文字を打っているのをよく見かけませんか。それでは，早く正しく打つことはできません。ホームポジションを最初の段階で正しく教え，身につけさせることが大切です。

　しかし，低学年に対して「ｆに左手の人差し指，ｊに右手の人差し指を置く」と言ってもアルファベットも習得していないため伝わりません。

　そこで使うのが実物投影機です。先生が実際に指を置いているところを実物投影機に映し，「先生と同じように指を置いてごらん」と言うと一瞬で伝わります。

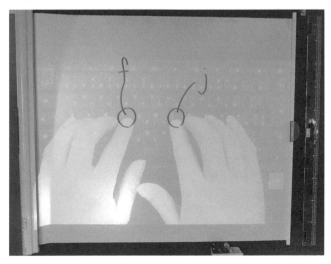

指の置き方

その後，指を先生と同じように動かして基本的なキーボード入力の指の動かし方を確認します。上手にできている子どもに見本を見せてもらうのもよいでしょう。

日頃から練習しよう

ローマ字入力を身につけるには，日頃から練習するのが大切です。

そこでおすすめなのが，ゲーム感覚でローマ字入力を身につけることができる練習サイト「キーボー島アドベンチャー」（スズキ教育ソフト）です。朝の準備をし終わった後や給食後などの空き時間，雨や学校事情で外に出られない休み時間などに取り組ませると，子どもたちは楽しみながら取り組みます。

2年生でも，学級（32名）の平均で1分間に30文字は打てるようになり，1級（1分間に50文字以上）以上が10名となりました。

9
クラウドの操作スキルの指導

　ここでは，4年生で実践したクラウド活用における事前指導や，操作スキルの指導について紹介します。

クラウド活用に関わる用語を押さえよう

　クラウド活用を始める際には，子どもにとってわかりやすい言葉で用語の確認をする必要があります。

　そこで，以下のように，用語やこれまでの学習との違いを説明しました。

・URL…インターネット上の情報（文書や画像など）を知らせる住所のようなもの。

・保存…学習データが自動保存されるため，バックアップをする必要がないこと。

・協働編集…子ども同士でデータを共有することで，同時編集が可能になること。

クラウド活用に関わる用語

　先生はその後も上記の用語を意図的に使い，子どもに浸透していくように心がけるとよいでしょう。

クラウド活用を体験しよう

　クラウド活用の導入としては，Google Jamboard を使った実践がおすすめです。まず，自分と友達のフレームがあることを知らせます。困ったときには友達のフレームからも学べることを伝えると，子どもは安心して学習に臨めます。次に，使う頻度の多いペン機能や付箋機能について教えます。ペンの太さや色，付箋の色や大きさを変えられることを伝えると，今後の活動で活用できます。

スライドの使い方について知り，体験しよう

　プレゼンテーション資料の作成におすすめのスライドの指導と実践について紹介します。タイトルやテキストの入力，画像などの資料挿入の方法はほぼ変わらないので，子どもには主に以下のことについて伝えます。

　まずは，スピーカーノートについてです。Google スライドでは，ページ下部に台本（台詞）を入力することができ，子どもは安心して予定通りの発表ができます。また，テーマやレイアウトを選ぶことで，構成を考える手間が省け，学習内容に多くの時間を費やすことができます。

　実際にプレゼンテーション資料を作成する際には，スライドをそれぞれで担当するか，テキスト・画像・スピーカーノートなどチームで分担して進めていくとよいでしょう。

初めての1人1台体験 (高学年)

いきなり学習場面で使用するのではなく，クラウド活用ってどんなことなのか，まずは学習以外の場面で使用し，楽しみながら徐々に行ってみましょう。

触って使って楽しんで

Google Jamboard 体験では，簡単な機能説明をした後，子どもは好きな絵をかきました。その後，付箋を使って友達にコメントを送りました。共有するイメージを自然と体感することができます。

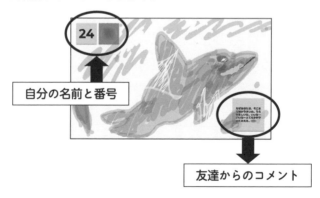

Google Jamboard 体験

Google スライドでは「しりとり」を行いました。はじめはグループごとにスライドを配付し，次は１つのスライドに学級全員で書き込む，と段階を踏んでいきました。

　友達が書いた言葉を消してしまったり，スライド自体消去してしまったりすることもありますが，体験することで徐々に慣れていきます。先生も焦らず，急がず子どもと楽しみながら行っていくことが大切です。

情報を共有できる体験をどんどんさせる

　社会科の学習で，米の主な産地について調べる授業前に，家庭で自分が食している米の産地・品種について調べてきてもらい，Google フォームを使って回答させました。

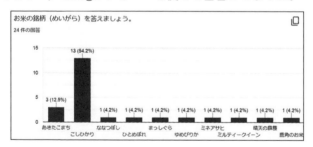

Google フォームを使って

　自動集計によってクラス全体の結果がわかり，協働で作業することができるため，時間短縮を図ることができます。少しずつ学習でも活用を取り入れていきます。

11

初めての1人1台体験（低学年）

　ローマ字入力のできない低学年には，まずは，ローマ字入力をしなくてよい範囲で体験させる工夫をしましょう。できることから始めましょう。

クラスルームにログインしよう

　低学年がクラスルームにログインするときに困ることは，子どもたちがローマ字入力をできないことです。クラスルームにログインするためには，アルファベットのクラスコードを入力しなければいけないからです。

　このような場合，高学年から先に使用を開始し，高学年が低学年のログインのお手伝いをする仕組みをつくるとよいでしょう。筆者の勤務校でもこの仕組みを使いました。低学年のクラス人数とほぼ同数の高学年が手伝いましたが，15分程度あれば全員が複数のクラスルームにログインすることができました。

　子どもたちが，ある程度 PC の扱いに慣れている場合は，例えば「abc」なら「ちこそ」のように，クラスコードを，キーボードのアルファベットに対応するひらがなに

変換して示すことで，低学年でもログインが可能になります。

ログインを手伝う高学年

クラウド体験をしよう

　クラウドを使うと情報を共有できるということを体験させましょう。低学年の場合，文字入力しなくても手書きで使える Google Jamboard の体験から始めるとよいでしょう。1フレームを数名で同時に使う場面設定をします。
　例えば，
・しりとりをして交代でフレームに文字を書く
・○×ゲームをして交代でフレームに○や×を描く
・1枚のフレームに一緒に絵を描く
などです。友達が書いているものが自分の画面に出てくる体験をすることで，共有のイメージをもつことができます。

12

PC 持ち帰りの事前準備

　ここでは，PC 持ち帰りの事前準備としてどのようなことを保護者へ伝え，子どもに指導していくとよいのかを示したいと思います。持ち帰りと一口に言っても，低学年から高学年までの学年の幅があり，事前の準備や指導するポイントが違ってきます。

　そこで，共通する準備や指導をベースにお伝えしていきます。

PC の家庭への持ち帰りのお知らせ

　持ち帰りをさせるために事前に保護者へ持ち帰りの案内を作成して周知しておく必要があります。その中でも特に，「PC を使って，どのような家庭学習をするのかなどの運用方針」「PC の利用に係る費用・紛失・破損などのトラブル対応方法」「情報などの取り扱い」です。

　特に費用・紛失・破損などに関する問い合わせ窓口の準備は，自治体の教育委員会に設置したり，GIGA スクールサポーターや ICT 支援員に設置したりすることで，学校に問い合わせが集中することを避けることができます。

学習端末の家庭への持ち帰りに関するお願い

※□にチェックを付けて確認してください。

○持ち帰り運用の方針
- □ 学習端末の利用とネットワークへの接続は、学習目的に限っておこない、目的外の私的な利用はしません。
- □ 学習端末は、家庭内のみの利用とします。
- □ 紛失、盗難の防止に細心の注意を払います。紛失等があった場合は、すみやかに学校へ連絡します。
- □ 学習端末は、基本的に持ち主である児童本人が使用します。他人に貸したり、借りたりしません。家族もサポート以外は使用しません。
- □ アカウント（ID）のパスワードは、保護者以外には知られないよう注意します。

○利用に係る費用、紛失・破損の際
- □ 学習端末は、春日井市からの貸与の為費用はかかりません。
- □ 家庭で学習端末をネットワークに接続する場合は、発生するデータ通信料等の接続料は、家庭の負担になることを了承します。
- □ 家庭で利用する際に学習端末を充電する場合の電気代は、家庭の負担になることを了承します。
- □ 学習端末の不注意（故意ではない）による破損や故障が出た場合は、すみやかに学校に連絡します。
- □ 家庭へ持ち帰り期間中に、学習端末が盗難された場合は、盗難届けを警察等関係機関に提出をして、学校へ連絡をお願いします。
- □ 学習端末を紛失した場合は、新規購入のための費用を家庭で負担いただくことがあります。

○情報の取り扱いについて
- □ 家庭での無線 LAN（wi-fi）接続は、暗号化とパスワード保護が設定されている無線アクセスポイントまたは、家族が所有するモバイルルーター・スマートフォンに限って行います。公衆無線 LAN（フリースポット等）への接続はしません。
- □ 基本設定を故意に変更させません。

持ち帰りの案内

子どもへのルール指導

　日頃の授業の中で子どもへは指導がしっかりされていくと思いますが，学校管理下ではない場所での使用になるのでそのあたりを想定して指導する必要があります。

　ここでは大きく「登下校でのルール」「家で使うときのルール」の2つです。特に登下校では，途中で PC を取

り出して画面を見ながら登下校していると事故にあう危険性があるので十分に指導をする必要があります。

　保護者への事前案内や子どもへのルール指導の他にも気にしなくてはならないことがあります。「持ち帰り用のバッグ」や「学校へ持ってくるときの充電」についてです。特に持ち帰り用のバッグについては，緩衝材や撥水効果が入っているものを用意することで PC の破損などを防ぐことができます。また，充電は必ず家でしてくることなどをルール化できると学校での活用がスムーズになります。

学習端末持ち帰りルール

〈登下校でのルール〉　　　　　　　| 確認したら□にチェックをしましょう。 |

- □　どこかに置き忘れたり、落としたりこわしたりしないように、学習端末はカバンに入れて登下校します。
- □　交通事故にあわないように、登下校中は学習端末にさわりません。

〈家で使うときのルール〉

- □　学習端末を持ち帰ったときは、必ずお家の人に伝えます。
- □　どこかでなくしてしまわないように、学習端末を使うのは家の中だけにします。また、家の中で置き場所を決めて、管理をします。
- □　学習端末は学習の目的にしか使いません。学習に関係のないサイトは見ません。
- □　学習端末を使う時間は、学校の先生とお家の人と相談をして決めておき、それ以上は使いません。
- □　危険なサイトにつながってトラブルにあわないように、無線 LAN（wi-fi）の接続は、自宅のアクセスポイントからか、お家の人の機器からだけにします。
- □　家で学習端末を使うときも学校で使うのと同じように、約束をしっかり守ります。
- □　家に持ち帰ったら、忘れずに学校に持ってきます。

持ち帰りルール

13
PC持ち帰り実践

　ここでは，PC持ち帰りによるどのような実践があるのか，日頃の授業とどのように連携して活用していくとよいのかを示したいと思います。

学習課題を提出する

　先生がクラウド上で学習課題を出し，子どもはスライドやドキュメントシートにまとめて提出する。また，子どもが自分の学習状況に合わせたプリントをダウンロードして，自分で選んで学習を進めるなど学習者に合わせた課題の提出ができます。特に，今後はクラウド活動前提で学校教材が作成されていくと考えられるので，そうした教材を活用して課題を出すのもよいでしょう。

スライドにまとめた学習課題

事前の学習内容を伝える

　明日の授業でキーワードになりそうな言葉や，一時間の授業，単元全体の流れなどをスライドや動画で作成しておきます。それを，学習日の前日に確認してくることを課題とするのもよいでしょう。ただ確認してくるだけでなく，最後に簡単な確認テストが動画やスライドにあり，それを提出させることで定着を図るような仕組みも必要です。

　こうした活用をすることで，一度聞いてもよくわからない場合は，何度も繰り返し確認することができ，また，自分のタイミングで確認することができます。そして，翌日はある程度授業のキーワードを浸透させた状態からスタートできるので，これからの授業のやり方も変わってくると思います。

授業動画を見て復習や予習を行う

　その日の授業を動画で撮影し，子どもが自宅に帰った後に，クラウド上にあるその日の授業動画を視聴し，自分で復習に活用します。また，「反転授業」のように事前に撮影した授業動画を視聴し，学校では，その授業でわからないことについて，教え合ったり，さらに発展的な学習内容を学んだりしていきます。このような活用は，クラウドの活用が進んでいった先にあるような実践になるのかもしれません。

14

校内の支援体制づくり

　ここでは，全校体制で取組を進めていくための校内支援体制づくりと，校内研修，そして管理職のリーダーシップについてお伝えします。

　学校全体の ICT 化を進めていくうえで，一部の PC 操作に知識のある先生のクラスや授業だけで活用が進んでいき，活用に不安のある先生のクラスや授業はなかなか活用が進まない，ということは大きな悩みになると思います。

　そこで，活用に不安を覚える先生も安心して取組が進められるよう校内の支援体制を整えていく必要があります。

学校支援体制づくり

　日常の業務で ICT の活用を広げるためのキーワードは，「できそうだな」と思える体験を先生自身にしてもらうことです。そうした体験を繰り返ししてもらい，これからの授業やその他の業務で，どのような活用ができそうかを全員で共有してみると面白いアイデアが出てくると思います。

　活用への入り口では，全校で体験を中心にした研修を行い，活用イメージの足がかりをつくったり，研修で身につ

けたスキルを繰り返し発揮できる場の設定を意図的に仕組んだりすることが大切です。

　また，学校支援体制づくりの基礎となる「同僚性」（先生同士が支え合う体制）がどのくらい校内ではぐくまれているのかも大切なことになります。同僚に対する安心感があることで支援体制づくりがスムーズに進んでいきます。

校内研修

　校内の ICT を推進していく役割として，教務（研究）主任，情報教育推進リーダーや，情報視聴覚教育部会などが中心になっていきます。

　まずは，校内研修を進めていくうえで，先生や子どもの情報活用スキルがどれぐらいあるのかをしっかり把握して研修を進めていく必要があります。

　そして，情報活用のスキルは数回の研修をしただけでは身につくものではありませんし，それぞれ身につけているスキルも違います。また，1回の研修での情報量が多すぎると，研修の効果も薄れてしまいます。

　そこで，5〜10分程度の，身につけておくとよいスキルや知識の簡単な動画やスライドを作成し，各自で視聴するような非同期型の研修を設定します。そうすることで，全体で時間を確保したりすることなく，繰り返し自分で視聴することができるようになります。

管理職のリーダーシップ

　校内の ICT 化を進めるうえで，管理職のリーダーシップは必要不可欠です。整備された ICT を積極的に活用するよう校内支援体制を整え，学校教育目標の実現に向けて臨機応変な発想とゴールのイメージをもって推進する必要があります。

　管理職が，ICT 化の足止めにならないようにするためには，ICT 活用を授業だけの活用に限定せず，校内業務の様々な場面で，子どもを中心に据えた活用ができるように働きかけることが大切です。

　また，ロードマップを作成して学校全体で進む方向を整えると全体に浸透しやすくなります。具体的にいつぐらいの時期に，何をどれぐらいできているとよいのかということを視覚化して学校全体で共有していくことで，全校体制での取組になっていくと思います。そして，校内で推進していく担当者を孤立させないように，管理職が学校全体に意図や目的をしっかり伝え，できる人だけの飛びぬけた一歩ではなく，学校全体の確実な一歩を目指しましょう。

15

情報担当者の心得

　ここでは，校内の支援体制づくりが終わり，いろいろな活用が始まった初期の段階での情報担当者の心得についてお伝えします。

情報の整理と共有を確実に

　GIGAスクールで導入された環境は，単に子どもたちが活用できるPCが増えただけではなく，1人1アカウントでクラウド活用といったまったく新しい環境です。担当者自身もこの新しい環境についての経験が不足していて，よくわからないことが少なくなく，先生たちからの質問や要望への対応が遅れがちになる可能性があります。このような状況が続いてしまうと，活用が広がらなくなってしまいます。

　そこで，GIGA環境を活用して，情報の整理と共有を確実にしていきます。機器のトラブルやいろいろな使い方の質問は口頭ではなく，チャットへ書き込んでもらい，共有します。そして，担当者だけでなく，わかる方がどんどん質問への回答を書き込みます。

初期段階には，皆さんが同じような質問をしたり，同じようなトラブルに遭遇したりしますので，ちょっとしたことでもチャットなどで共有することは安心感につながります。もちろん，校内だけで簡単に解決できないこともありますが，そういった情報もきちんと共有しておくことが大切なことです。ただし，チャットの書き込みが多くなると，探したい情報へすぐに辿り着けなくなる可能性がありますので，随時情報をスプレッドシートにまとめ直す必要があります。さらに，「こんな活用をしました」といった情報の共有もチャットで進めていくことで，限られた時間内で簡単に実践の共有ができます。もちろん，担当者として時々書き込まれた実践に少しでも価値づけをしていくことで，さらに実践が進んでいきます。

ICT支援員との連携を確実に

　ICT支援員がこの機会に配置されることもあるでしょう。しかし，支援してほしい内容を伝えたり，質問をしたりするにも，打ち合わせの時間が限られています。そこで，ここまで述べてきたような仕組みをつくっておくことで，随時自校の状況を把握してもらうことができ，必要な支援をタイムリーに受けることが可能になります。

　なお，無料のオンラインセミナーが多く開催されている現状を活用して，担当者自身が学びを深める努力が必要であることは，言うまでもありません。

16

トラブル！
壊してしまったら…

　学校で日常的にタブレット PC などを活用していれば，過失の有無にかかわらず破損させてしまうことがあり得ます。そうした場合の対処方法について考えていきましょう。

ありがちな破損の原因や頻度は

① 落下

　PC を破損させてしまう主たる原因は落下です。学習活動では，PC を持って座席を離れて他の人と話し合い活動

モニターが割れた PC

などをする場面もありますから，過失で落下させてしまうことは最も想定しておかなければならない破損原因です。

② 異物

　また意外な不注意でも破損は起こります。画面を折りたたむスタイルの PC はキーボード上に鉛筆やペンなどうっかり置いたまま画面を閉じてしまうと，液晶画面の破損を容易に引き起こします。慌てて画面を閉じたらペンが挟

まっていたという事例は，ある程度の頻度で起こり得ます。

③　接続端子への衝撃や加圧

　充電端子やUSBポートなどへ機器を挿入しているとき
に，その端子部分に教科書やノート，腕などが乗ってしま
い，ポート部分や内部の基盤に無理な力を加えて破損を引
き起こしてしまう場合です。これは，乱暴な扱いをしてい
なくても同じような状況が何度となく繰り返されて，長い
期間に段々と破損が進行するようなケースが散見されます。

④　水没

　授業以外の場面でもPCを活用するようになると，PC
を濡らしてしまうという状況が起こり得ます。注意が必要
なことは，たとえ異常なく動いているように見えていても，
水没したPCは必ず修理依頼をして点検を受けることで
す。内部には非常に高いエネルギーを蓄えたバッテリーが
搭載されているからです。ショートなどによる発火や加熱
などの被害を避けるためにも，水没したPCは安全な場
所に保管して速やかに修理を依頼する必要があります。

　破損を予防するためには，学習規律の確立が大切です。
・机上の配置を決めましょう
・学習中の保管の仕方を決めましょう
　このようなことを校内でルール化し，共通理解をしてお
くことが破損の未然防止につながります。

17

トラブル!
動かなくなってしまったら…

タブレットに限らず，PC は予期せぬ不調で起動しなくなったり，ネットワークにつながらなくなったりします。こうした場合の対処方法について考えていきましょう。

ありがちな動作不良の原因やよくある事例

① 起動しない

ヒューマンエラーに起因することが多い事例です。PCの電源ボタンを押してもまったく起動しないケースでは，バッテリーの充電状態を確認してみましょう。充電したつもりでも，AC アダプターの不良や端子の接続の仕方が悪くて充電できていなかったり，AC コンセントから電源が供給されていなかったりするなど，単純な原因であることもあります。

正常に充電できる AC アダプターを接続して充電ランプが点灯するようなら，電源ボタンを押して起動するか確かめてみましょう。充電ランプが点灯しないようなら，速やかに電源アダプターを取り外し，修理依頼をしましょう。

② ネットにつながらない

比較的多い動作不良はネットワークにつながらないという事例です。無線アクセスポイントへの接続設定の確認やアクセスポイントそのものが動作しているかの確認が必要です。クラス全体のPCがネットワークにつながらない場合はアクセスポイントかさらに上流側の機器やネット環境の不具合が原因

Chrome OS での表示例

ですので，至急，保守業者やネットワーク管理者に対応を依頼します。特定のPCだけがネットワークにつながらない場合は，とりあえずWi-Fiのアイコン状態を確認します。アクセスポイントと通信できていない場合は不具合のあるPCのWi-Fiの設定を確認します。

校内で利用しているSSID名（アクセスポイントの名前のようなものです）は記憶しておきましょう。

授業を止めないために

最も大切なことは，トラブル対応に時間をとられて授業を止めてしまわないことです。ネットワークトラブルなどクラス全体にかかわるトラブルなら，思いきってPCを使わずに授業を進めるなどの判断も必要です。個別のPCのトラブルなら，予備機を貸し出すなどの子どもへの救済策を事前に決めておくとスムーズに授業を進行できます。

18

トラブル！
データが消えてしまったら…

　授業中に記録したデータなどが消失してしまうなどのトラブルは，クラウドを利用しての協働編集などに子どもが不慣れなときは時々起こり得るトラブルです。そうした場合の対処方法について考えていきましょう。

どのようなときに起こるのか

　授業でクラウド環境が活用される前は，自分の作成したデータの保存忘れとか，他人のデータに誤って自分のデータを上書きしてしまって，データが消失することが散見されました。クラウド環境ではデータを編集中に明示的に保存するという操作がほとんど不要になりました。そのため，セーブ忘れなどのトラブルはまず起こり得ません。

　ありがちな事例は，協働編集中に誤って他の人のデータを書き換えてしまうようなケースです。こうしたことは，子どもがクラウド環境で協働編集をすることに不慣れな時期に起こりやすい事例です。

　各自が編集する領域について（セルや割り当てのページ，スライドなど）出席番号や名前を明示した欄をつくるなど

の工夫をして明確に指定することでかなり防止できます。また，常に同じルールで指定しておくと，子どもたちも自分の編集領域かどうかを確認する作業がルーティーンとして早く定着します。

それでも，消えてしまったら…

　学校で利用されているクラウドのプラットフォームはGoogle ドライブ，iCloud，OneDrive などがあります。これらは一定期間の間，削除したデータや編集されたデータを過去にさかのぼって元に戻す機能を提供しています。利用している環境で，データを復元する操作方法を Webなどで調べておくとよいでしょう。いざというとき安心して子どもたちに「何とかなる」と言うことができます。

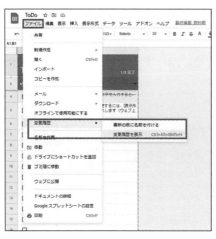

Google スプレッドシートのアンドゥ機能

意外な解決方法

また意外な解決方法ですが，小さなデータの消失なら「もう一度入力してもらう」のも有効です。授業中などはデータ復元の対応で授業を止めるわけにはいきません。

この手段は子どものキーボード入力スキルが一定の水準に達していないと有効ではありませんので，キーボード練習は大切です。

本当に困ったときに（Google ドライブの例）

先生自身が引き起こしてしまうトラブルとして，児童・生徒のデータをファイルやフォルダごと誤って消去してしまうこともあります。このミスの被害は甚大で，データ消失に気づくのが遅れると一般的なリカバリー方法では対応できません。そんなときは，「ゴミ箱」を確認してみましょう。ゴミ箱にあれば「復元」でミスをリカバリーできます。

ゴミ箱にデータがなければ「完全削除」された後です（30日で完全削除されます）。この場合は Google に直接お願いして復元してもらう方法もあります。

Chapter2
まずは先生が使ってみよう

1

会議や研修，行事の反省に
協働編集を活用しよう

　スプレッドシートやドキュメントを活用し，情報を先生間で即時的に共有することで，校務の効率化や時間短縮をすることができます。

行事の反省を協働編集しよう

　どの学校でも，１つの行事が終わると振り返りを行い，次年度へ反省を生かすため，意見の集約を行うと思います。今までは，行事の担当者が反省用紙を作成・印刷して配付し，期限までに回収，集まった意見をデータ入力し，まとめるという形が多かったのではないでしょうか。

　担当者は行事が無事終わって，ほっとする間もなく，それらの作業に時間をかけなければなりませんでした。この作業を，スプレッドシートを活用して協働編集で行えば，反省用紙の印刷や入力までが不要になります。

　今までも，紙媒体でなく１つのファイルを用意して入力していたという場合もあるかもしれません。しかし，その場合も，複数人が同時に入力することはできず，自分が入力したいときに誰かが書き込みをしていると入力できない，

というストレスもありました。この点においても，スプレッドシートであれば，同時に何人も入力できるので，入力の順番待ちのストレスから無縁になります。また，項目ごとにシートを分ければ，内容も整理しやすく，まとめる時間も短縮できます。

スプレッドシートで行事の反省

協働編集で研究協議をしよう

校内研修などで，研究協議を行う際，今までは画用紙や模造紙に各自が書き込んだ付箋を貼り，付箋の内容について話し合ったり，グループ分けをしたりして，協議を進めていました。

従来，向かい合って紙の上で行っていたことをスライドの協働編集機能を使って行います。

事前に協議グループごとにスライドを用意しておき，参加者はそこに研究授業を見て気づいたこと，考えたことを各自書き込んでいきます。スライドを準備するといっても，それぞれのシートに参加者の名前を入力しておく（名前を入力する枠をつくっておくだけでも十分）だけです。後は，参加者が自分の名前のあるシートに入力していきます。

　協働編集ですので，グループ全員が同時に同じスライドに入力ができます。他の参加者の入力内容もその場で見ることができ，いったん入力した後での編集ももちろんできますので，どんどん書き加えたり，書き換えたりすることが可能です。

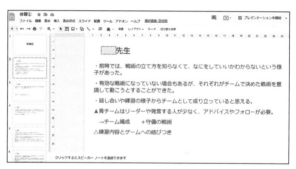

研究協議スライド

　こうした研究協議は，参加者が集まって，実際に会話をしながら，スライドに入力していくことができるのはもちろんのこと，離れた場所にいても，１つのスライドを介して，簡単に研究協議を進めることができます。現在のように密を避けなければならない状況下においては，こうした「離れて研修を行うことができる」という選択肢があるこ

とは大変有意義なことだと言えます。

　また，研究協議で入力したスライドは，記録として簡単に残すことができるので，研修後に授業を振り返るのにも役立ちます。

使わざるを得ない状況に

　研修や学校行事の振り返りなどは，先生にとって，必ず行う必要不可欠なものです。初めて協働編集機能を使用する際は，操作に不慣れな先生から活用に対して不安の声が出ることがあります。

　しかし，こうした使わざるを得ない状況の中に置かれることで，渋々ながらでも使ってみると，思ったよりも簡単に使え，その利便を体感できます。

　先生全体で，校務の簡略化や仕事の時間の短縮という大きなメリットを味わうことができるよい機会です。また，メリットが体感できれば，子どもにも使ってもらおうという意欲にもつながります。

2

日常連絡をチャットでやってみよう

　ここでは，校内での各種連絡，情報共有，実践紹介など
を Google Chat（以下，チャット）を活用してスムーズ
に行うことについてお伝えします。

各校で用意された公的な仕組みを活用しよう

　校務の情報化が進み，個人間の連絡はメールで，集団内
での連絡や情報共有には校務支援システムの掲示板などが
使われることが一般化してきました。さらに，LINE など
の SNS を使って，便利に学年内の連絡を取り合うことも
出てきました。

　しかし，いくら便利とはいえ，私的な SNS で業務に関
することのやり取りをすることは，控えなければなりませ
ん。そこで，公的に用意されたチャットを活用して同じよ
うに連絡や情報共有をしてみましょう。

気軽に実践の様子を共有してみよう

　チャットを活用してまず共有するといいのは，1人1台

タブレット活用の授業実践の様子です。ほとんどすべての先生にとって、どのような活用をすればいいのか情報が少なく、さらに、どのような活用を他の先生たちが始めているのかもよくわからない状況です。

そこで、次の図のように各自がチャットで活用の状況を報告し、実践事例を共有するようにします。

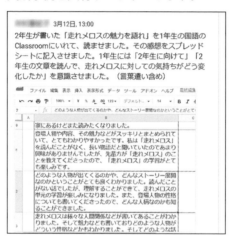

チャットでの授業実践報告例

チャットを使えば、図のような情報だけでなく、授業の様子の写真を載せることはもちろん、短い動画でその様子を伝えることもできます。これまでであれば、各自が実践の様子をまとめて配付をするか、そのデータをファイルサーバーで共有するなどの方法をとっていたので、手間も時間もかかっていました。

しかし、チャットを使うことで、授業後すぐに伝えることができるので、簡易の実践事例集として容易に実践を共

有することができます。

　次は，前頁の図の続きです。このようにコメントも書き込むことができますので，気軽に疑問点を質問したり意見交換をしたりすることで，今後の実践をさらに進めることができます。もちろん，個人チャットを使えば，簡単に個人的な連絡や相談をすることができます。

チャットでの意見交換

いろいろな情報連絡や共有に活用してみよう

　授業実践の様子だけでなく，いろいろな情報連絡や共有に活用することができます。例えば，各学年での日々の連絡や相談に活用するととても便利です。この場合は，学年職員だけのチャットルームをつくります。

　また，職員会議へ提案する案の相談にも活用できます。

係全員が集まって相談する時間の確保はとても難しいですし，働き方改革のために少しでも時間短縮をしたいものです。そこで，係ごとのチャットルームをつくり，そこで案を共有し，意見を書き込んだり，修正案を載せたりすれば，容易に協議ができます。さらに，管理職に決裁を求める場合も，押印が必ずしも必要ではなくなった現状では，この仕組みを活用することができます。

　この他に，これまでは職員間であまり共有をしなかったような，ちょっと役立つ情報の共有も積極的にできるようになります。例えば，インターネット上で見つけたちょっとしたアプリの活用法や他校の実践事例，オンラインセミナーの情報などを見つけたら，どんどんチャットで共有していきます。

　ただし，共有する情報が増えすぎると，必要な情報に辿り着きにくくなる恐れがあります。そこで，いくつかチャットルームをつくり，情報ごとに適切なところへ掲載することが大切です。

　なお，ここまで説明したチャットの活用は，学校内に留まるものではなく，学校の枠を越えて活用することで，さらに有効なものになります。校長同士が情報交換をするチャットルームを活用することで，校長自身が GIGA スクールで整備された環境のよさを理解し，このことにより各校での活用がさらに推進されていきます。

3

校内研修や職員会議に
クラスルームを活用しよう

　Google Classroom を活用して，校内研修や職員会議の資料を共有することで，効率よく，時間を短縮して行うことができます。

資料を Classroom に投稿し，共有しよう

　校内研修や職員会議を始める前に，たくさんの紙の資料を配付する光景をよく目にします。資料が多ければ多いほど，配付するのに時間がかかりますし，先生たちの手元は資料であふれかえってしまいます。そして，配付した資料の過不足の対応に追われることもあります。このように，紙の資料の配付で費やされる時間は少なくありません。

　そこで，Google Classroom を活用します。

職員会議	⋮
📖 第5回職員会議要項	最終編集: 4月23日 ⋮
📖 第4回職員会議要項　2021.4.6	最終編集: 4月6日 ⋮
📖 第3回職員会議要項　圖 2	最終編集: 4月5日 ⋮

Classroom に職員会議の資料を投稿した例

Google Classroom に配付する資料を投稿するだけで，教職員と資料を共有することができます。つまり，紙の資料を教職員に配付する必要がなくなります。さらには，配付する資料を印刷・製本する時間も手間も必要なくなります。これだけでも，担当の先生の負担は軽減されます。

　そして，研修や会議のときには教職員は端末を持って参加し，端末から資料を閲覧します。配付する資料がありませんので，すぐに会議を始めることができます。また，前もって資料を投稿しておけば，事前に確認することができ，研修や会議の進行もスムーズになります。

　研修や会議ごとに議事録を作成し，そのファイルを共有することができるだけでなく，投稿した資料ごとにコメントを追加することができます。このコメント機能を活用すれば，次の図のように，変更点や覚え書きなどを誰でも投稿することができ，研修や会議の記録を残すことができます。

コメント機能を活用して記録を残す

　さらには，動画を投稿し，共有することもできます。例えば，教職員に視聴してもらいたい研修用の動画を投稿します。これを研修に利用すれば，情報や知識の習得に関す

るものは個々に取り組んでもらうといった非同期型の研修を手軽に行うことができるようになります。これにより，時間を短縮して，効率よく研修を行うことができるようになります。また，いつでも閲覧できるため，何度でも学び直すことができるようになります。

トピックを立てて，資料を整理しよう

　校内研修や職員会議は年間20回程度行われ，その資料をGoogle Classroom に投稿していくと，資料を蓄積することができます。つまり，資料はクラウド上に保存され，各自の端末に保存する必要はなく，Google Classroomからいつでも閲覧することができるようになります。

　そこで，「職員会議」「校内研修」「行事予定表」などのようにトピックを作成して見出しをつくることで，投稿した資料を整理することができます。資料をトピックごとに整理することで，たくさんの過去の資料の中から目的の資料を探し出すことが容易にできるようになります。

すべてのトピック	職員会議
職員会議	
校内研・現職教育	📑 第7回職員会議要項
月行事予定	📑 ▇▁▄ で実施する夏期研修の情報（駐車場…
不祥事根絶に向けて	📑 係・委員会入力について

トピックを活用して見出しをつくり，整理する

このようにトピックを活用することで，生徒や保護者に配布した文書なども蓄積・整理していくことが可能となり，1つのGoogle Classroomで学校全体の配布資料や文書などを蓄積・整理することができるようになります。

資料を共有しやすいように工夫をしよう

　Google Classroomは，必要なアプリをインストールすることで，どの端末からでも閲覧や編集をすることができるようになります。ですが，投稿した資料のファイル形式によっては，閲覧しづらくなってしまったり，レイアウトが崩れてしまったりするものがあります。そのため，目的に合わせて，ファイルの形式を工夫します。

　例えば，投稿する資料が閲覧してもらうだけのものであれば，PDFファイルにしてから投稿します。PDFファイルは，どのアプリや端末からでもその影響を受けずに文書や図表を正しく表示することができるだけでなく，資料の文章や図表などを誤って編集してしまうことを防ぐこともできます。また，拡大・縮小も簡単にできます。そして，研修や会議の資料は，印刷用として1つにまとめたPDFファイルと，資料を個別に分けたものを両方用意しておくと使い勝手がよくなります。

4

写真やビデオを保存して
いつでも呼び出そう

　ここでは，クラウドに画像やビデオを保存していつでも見ることができるようにすることで，先生や子どもにとってどんなよいことが生まれるかを，お伝えします。

初任者の授業改善のスピードを上げる

　初任者の授業の様子を見て，後で研修担当者はどこがよくて，どこがダメなのかを放課後などの時間を使ってフィードバックします。これまで一般的に行われてきた初任者の指導です。クラウドを利用することでフィードバックの質をさらに上げ，初任者の授業改善のスピードを上げることが可能になりました。

　研修担当者は初任者の授業を録画します。最初は数分の短い時間で充分です。動画をクラウドに保存します。Google Classroom に動画の置き場を示します。研修の時間に，初任者も研修担当者も同時にアクセスします。どこからでも同時にアクセスできるクラウドだから可能です。同じ動画を見ながら，フィードバックをすることができます。

これまで，メモをもとに授業の様子を思い出しながら行っていたフィードバックをより具体的で実のあるものにすることができるようになりました。

　例えば，以下の画像は指導以前の初任者の授業中の発話の様子です。授業者は下を見ながら発話をしています。これでは，子どもに声は届きにくいです。

改善前の初任者の発話の様子

　このようなことも動画をはさんで議論するから初任者の理解も早いです。研修の次の週には以下の画像のように課題が大きく改善されていました。

改善後の初任者の発話の様子（授業動画の一部）

子どもの技能習得の質を，個別に高める

　次は家庭科の授業の様子です。どのような住まいが生活
しやすいかを考えて製図をしている場面です。

家庭科での製図の様子

　クラウドが導入される以前は，スクリーンにスライドを
提示して子どもが製図しやすいよう，モデルを提示してい
ました。子どもが図に示したい事柄は様々です。スライド
はどんどん切り替わっていくので，もっとじっくり見たい
と思ってもそれが叶いませんでした。

　今は，クラスルームにモデルを置いています。子どもは
製図の場面になるとスライドを開き，自分にとって必要な
画像を見つけます。そのスライドを見ながら課題に取り組
みます。子どもは課題に合わせて見たいスライドをじっく
り見ることができます。

できあがった製図もこれまでに比べてずいぶん質の高い
ものになりました。

　数学の授業でも同じような工夫をすることができました。
こちらはコンパスを使って図をつくる場面です。

作図のモデル動画を見ながら実際に作図する

　これまでは実物投影機で先生の手元をスクリーンに映し
出すなどしてコンパスの使い方を示していました。しかし,
コンパスの使い方ひとつとっても子どもが困る部分は様々
です。そこでコンパスを使って作図する先生の手元を録画
した動画をクラスルームに置きました。

　子どもは自分の見たいポイントを何度も再生しながら,
課題を解決していました。

5

アンケートや保護者面談に
フォームを使ってみよう

　ここでは，Google フォームを活用した業務効率化の方法を紹介します。個人懇談の日程調整にかかる担任の業務や子どもの負担を大幅に削減することができました。

　懇談の日程調整はこれまで紙ベースで行ってきました。子どもを通じてやり取りをするので，保護者が回答を忘れていたとしても，担任が子どもに確認をせざるを得ないケースもあり，責任のないはずの子どもにもストレスをかけてしまっていました。それらをすべてなくすことができます。

フォーム活用以前の業務

　フォーム活用前の懇談日程調整業務の過程です。

① 係が懇談の希望日時などの調査用紙を作成し，全校人数分印刷する。紛失に備えて予備を用意する。
② 各学級に子どもの人数分の調査用紙を届ける。
③ 担任が希望日時などの調査用紙を子どもに配付する。
④ 保護者が子どもから調査用紙を受け取る。

⑤　保護者が調査用紙に記入をする。

⑥　担任が子どもから調査用紙を受け取る。

⑦　担任が希望日ごとに並べるなどして整理し，懇談日時を決める。

⑧　担任が決定希望日時のお知らせを作成して子どもに配付する。

⑨　子どもを通じて懇談日時が保護者に伝わる。

　この間，子どもによる紛失や渡し忘れなどが起きることがあります。その都度担任が家庭と連絡を取り合いながら問題の解決にあたっていました。

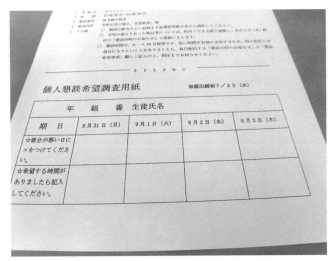

以前の調査用紙

フォームの活用によって業務を大幅に削減

　特に先に挙げた①～⑦までの業務を大幅にカットすることができます。活用した場合の過程を紹介します。

① 係が調査用のフォームを作成する。
② 係が学校配信アプリを通じてフォームの URL を保護者に知らせる。
③ 保護者が回答をする。
④ 係が集まってきた情報をクラスごとに整理する。
⑤ 担任が整理された情報を見ながら懇談日時を決める。
⑥ 担任が日時のお知らせ用紙に決定日時を記入して子どもに配付する。
⑦ 子どもを通じて懇談日時が保護者に伝わる。

希望の時間帯にチェックを入れてください。
右にスクロールするとすべての項目をご覧いただけます。

	何時でもよい	13:30～14:00	14:00～14:30	14:30～15:00	15:00～15:30	15:30～16:00	16:0
7月13日(火)	☐	☐	☐	☐	☐	☐	
7月14日(水)	☐	☐	☐	☐	☐	☐	
7月15日(木)	☐	☐	☐	☐	☐	☐	
7月16日(金)	☐	☐	☐	☐	☐	☐	

フォームの画面

　業務自体が相当スリムになっていることがわかります。
①～④は係が行うため，担任の業務がゼロになりました。

④の情報整理といっても Google スプレッドシートに自動で情報集約されるので，データの並べ替えをするだけで済みます。

タイムスタンプ	学年・組	名前	8月31日（月）	9月1日（火）
2020/07/18 12:48:31	3年1組			16:00~16:30
2020/07/23 11:07:05	3年1組		何時でもよい, 14:30~15:00	13:30~14:00, 14:00~14:30, 14:30~
2020/07/09 20:20:48	3年1組			16:00~16:30
2020/07/11 23:19:16	3年1組			
2020/07/10 19:10:33	3年1組			
2020/07/09 18:54:34	3年1組			16:00~16:30
2020/07/10 16:09:57	3年1組			16:00~16:30
2020/07/12 10:37:04	3年1組			

整理された情報

リマインドの発信によって回答忘れを防止

　保護者が期限までに回答することを忘れてしまうことを防ぐため，締め切り日に学校配信アプリを通じてリマインドのための発信を行うようにしています。

　初回は，回答忘れの方が多く，各家庭に連絡を入れなければならなかったのですが，2回目からは保護者が慣れてきたことや，リマインドの効果もあり，期限までに回答をほとんど集めることができるようになりました。

　留意することもあります。保護者のネット環境によっては，オンラインでの回答が難しいことがあります。そのような方には，従来のように紙のお知らせを用意し，回答していただけるような配慮をしています。

6

校内研修や職員会議に
テレビ会議を利用しよう

Google Meet の画面の共有を活用して，校内研修や職員会議の資料を提示することで，資料の共有が簡単にでき，場所を選ばずに研修や会議を行うことができます。

研修や会議に Google Meet を活用しよう

研修や会議において，プレゼンテーション資料を提示する必要があるときには，参加者は会議室に移動して，大型提示装置の前に集まって行うことが多いのではないでしょうか。参加者の移動時間はもちろんのこと，大型提示装置の準備や場所の確保などが必要となり，準備や片づけが大変になることがあります。また，ある資料を参加者全員と共有したいときには，大型提示装置に映し出したり，手元の資料を参加者に見せたりするのではないでしょうか。きっと，大型提示装置から遠い人は見にくいことでしょう。

そこで，参加者に端末があり，Google Meet の画面の共有を活用すれば，手軽にどこにいても資料を端末に提示することができます。また，手元の端末で見ることができるので，細かな資料まで読み取ることができます。

校内研修に画面の共有を活用しよう

　Google Meet の画面の共有を活用することで，教職員全員が職員室の自席にいながら，手軽に研修を行うことができます。

　教職員は自席の端末から Google Meet に接続します。そして，研修で使用するスライドを Google Meet の画面の共有を使って教職員の自席にある端末に提示します。

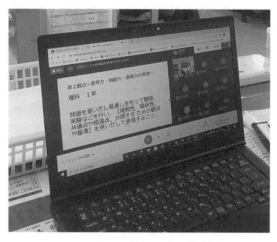

スライドを共有して提示している端末の画面

　画面の共有を受ける教職員は，自席の端末から Google Meet に接続するだけなので，操作は簡単で，すぐに資料が提示されるため，時間はかかりません。何よりも，プレゼンをするのに大型提示装置の準備をしたり，その装置がある部屋に移動したりする手間が省けます。

　このように Google Meet を活用し，画面の共有を使っ

てスライド資料を提示しながら研修を進めていきます。スライドの切り替えは，端末を手元に置いて自分で行うのもよいですし，他の人にお願いするのもよいでしょう。次の写真のように，職員室内を歩き回りながら研修を進めることも可能になります。

自席の端末でスライドを見ながら研修を進めている様子

このようなスタイルの研修であれば，移動や会場準備の時間はほとんどなく，ちょっとした時間に，手軽に行うことができます。また，長時間にわたってたくさんの内容を行う研修よりも，少ない時間で１つ２つの内容に絞った研修を行う方が，参加者の集中力は続き，より成果のあるものになるのではないでしょうか。

Google Meet の画面の共有を活用することで，今までの研修の在り方を見直し，改善することが可能となり，業務の改善につながることになります。

画面の共有を様々な場面に活用してみよう

　ご存じの通り，Google Meet は，オンラインセミナーなどのテレビ会議システムとして多く活用されています。そこでは，プレゼンテーション資料を画面の共有を使って提示することが多いです。しかし，ちょっと使い方を工夫することで，様々な場面に Google Meet を活用することができます。

　まずは，職員会議です。Google Meet を活用することで職員会議にも場所を選ぶことなく参加することができるようになります。事前に配付した会議資料以外に提示したい資料があっても，画面の共有を活用すればその場で提示することができます。

　次に，端末の全画面を共有し，提示することで端末の操作の説明をすることができます。端末をどのように操作すればよいか説明したいときに，Google Meet の画面の共有で端末の全画面を共有することで，操作の方法を実際の画面を見せながら説明することができます。

　この他にも，動画の資料など，様々なものを画面の共有を使って提示することができます。

　以上のように，Google Meet は資料を提示する方法として活用することができるだけでなく，研修や会議など，様々な業務の改善につなげることが可能になります。

7

行事予定を
カレンダーで共有しよう

ここでは，Googleカレンダーを活用して，行事予定や提出期限等の予定を共有することについてお伝えします。

行事予定を共有するカレンダーを作成しよう

校内にはいくつも予定表がありますが，従来は各予定表がリンクしていませんでしたので，ある予定表を変更しても，関係のある他の予定表は自動的に変更されず，常にいろいろな予定表を確認して変更箇所の修正をしていました。そのため，間違った予定を示してしまうこともありました。

そこで，Googleカレンダーを活用して予定の共有をしてみましょう。まずは，保護者とも共有できる行事予定のカレンダーを次のように新たに作成してみましょう。

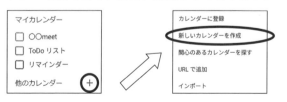

ア 「他のカレンダー」の「＋」
　　をクリック

イ 「新しいカレンダーを作成」
　　をクリック

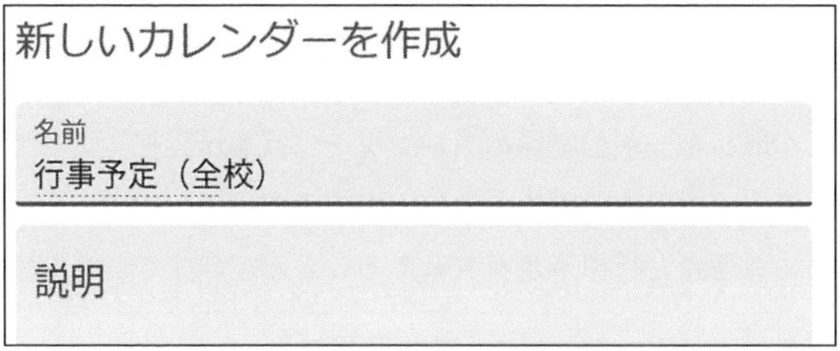

新しいカレンダーを作成

名前
行事予定（全校）

説明

　　ウ　名前などを入力して「カレンダーを作成」をクリック

　次に，作成したカレンダー名の右側に表示される「：」をクリックして表示された「設定と共有」から入り，次の図のようにカレンダーへのアクセス権限を設定します。

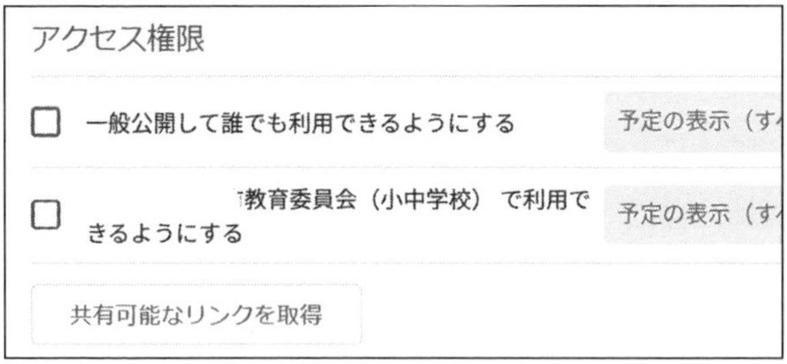

アクセス権限

☐　一般公開して誰でも利用できるようにする　　予定の表示（す

☐　　　　　教育委員会（小中学校）で利用できるようにする　　予定の表示（す

　共有可能なリンクを取得

　　エ　アクセス権限の設定とリンクの取得

　ここでは，保護者とも共有できるカレンダーをつくりますので，上の「一般公開」にチェックを入れます。

　なお，「共有可能なリンクを取得」をクリックして表示されるリンクを保護者と共有することで，このカレンダーを共有することができます。

行事予定を共有してみよう

　作成した一般公開用のカレンダーに行事予定を入力してみましょう。次の図のように入力するだけで，設定したように保護者と行事予定を共有することができます。

カレンダーへの行事予定入力例

　次は，各学年の行事予定を共有するカレンダーを同じように学年ごとに作成し，行事予定を入力します。さらに，教職員の会議などの予定も別に用意したカレンダーに入力をします。そして，次の図のように，それぞれのカレンダーに入力された行事予定を必要に応じて1つのカレンダーに容易に統合して表示することができます。

いろいろな予定を1つのカレンダーで共有する活用例

なお，次の図のように，Google Classroom の「授業」にあるカレンダーから予定を入力すると，Classroom のメンバー全員と自動的に共有され，メンバー全員のカレンダーに入力した予定が自動的に表示され，とても便利です。

Classroom からのカレンダー入力

　また，次の図のように Classroom で配信した課題の期限もメンバー全員のカレンダーに表示されます。行事予定だけでなく，課題や業務の期限も容易に共有することができます。

Classroom で配信した課題の期限のカレンダー共有

8

研究会でクラウドを活用し，日常的に実践を交流しよう

　ここでは，主に Google Classroom や Google Meet，Google Chat を中心に活用し，オンラインでの研究会を日常的に実施した事例を紹介します。

Google Meet で研究会を実施しよう

　令和2年2月末からの一斉休校を皮切りに，学校現場の多くのことが変化しました。その1つに，市内の教科研究会です。愛知県春日井市では令和2年度の教科研究会はすべて中止となりました。しかし，発表に向けて実践を積み重ねてきた先生も多く，何とか実践を共有し，授業改善を続けていく必要がありました。

　そこで，Google Meet 上に集まり，プレゼンし合った後に，質問・意見交流という形式の実践共有を始めました。最初は操作に少しとまどう様子もありましたが，2回目以降は操作に慣れ，積極的に意見交流する姿が見られました。参加した先生からは「移動する必要がないので，無駄な時間が減る」「実践の共有・意見交換であれば Google Meet で十分」との声が上がりました。

実践をチャットルームで共有しよう

　研究会では，理論に基づいて実践を行い，発表原稿の作成が主なものでした。しかし，Google Chat を実践共有の場にすることによって，毎日の実践の様子を日常的に共有できるようになりました。

　板書や子どものノートの写真と，簡単な一言を添えて投稿します。それに対する意見や感想を交流するようになりました。

写真と簡単な一言

　非日常的な授業の発表ではなく，毎日の何気ない実践を共有し，互いに真似し合い，切磋琢磨していこうとする風土につながっていくのではないでしょうか。

資料を Google Classroom で共有しよう

筆者の所属する研究会では，月に一度はオンラインで例会を行っています。その際に提示したり確認したりする資料は，Google Classroom に整理しています。タイムラインのように確認することもできますが，「第〇回例会」のように資料をトピックごとに整理しておいたものを確認することもできます。事前に資料を閲覧しておくだけでなく，過去の資料を振り返る際にもとても便利です。

研究会資料を共有

また，研究会の記録を参照しやすくする取組として，研究会の議事録を Google ドキュメントで協働編集しながら作成しています。1人で議事録を取ることは大変なことですが，複数人で補い合うことができるので，容易に議事録が完成します。

クラウドを活用して，オンライン上で研究会を行うことで，実践・例会に関する情報の共有が圧倒的に早く・簡便になりました。

まず先生がクラウドの便利さを体験しよう

　ここまで，市内の研究会でクラウドを活用した事例を紹介してきました。

・Google Meet でのオンライン会議

・Google Chat での実践交流

・Google Classroom での資料の整理

などによって，研究会での活動が可視化され，情報共有の度合いが抜群に上がったと感じています。

　筆者は，研究会に参加する仲間の日常的な授業の様子を初めて見ることができました。このように実践を共有し，日常の授業改善を全市で推進することが第一の目標であり，大切なことですが，さらに重要なことは，クラウドの便利さを先生が体験することです。

　日常的な体験を通して，クラウドの便利さを学んだ先生であれば，欠席してしまった子どもと，少しでもコンタクトを取るために Google Chat や Google Meet を使ってみたり，学級の子ども全員が参加しているチャットに，子どもが頑張っている姿の写真や動画を掲載して，賞賛したりするのだと思います。

　しかし，この研究会でも最初からうまくいったわけではありません。最初はみんなで Google Classroom に入り，Google Meet ができるようにすることが目標でした。電話や LINE で，サポートし合う段階もありました。少しずつ，やれるところからチャレンジしていくことが大切です。

Chapter3
授業をしよう

1

スライドを活用しよう

　スライドは主に発表のための資料のイメージがあります
が，スライドを共有してコメントし合ったり，学習の記録
として使ったりすることもできます。

Google スライドで写真を挿入しよう

　1枚のスライドは紙のようなイメージです。

　紙芝居をめくっていくように，次のスライドに進むこと
ができます。テキストボックスに文字を入力したり，画像
や図形を挿入したりして，スライドを作成していきます。
画像を挿入する機能を使って，紙に書いたものを写真に撮
ってスライドに挿入すると，文字入力ができない低学年で
も簡単に使うことができます。最初はこの簡単な方法で共
有を体験するとよいでしょう。

　まず，伝えたいことを紙に書き，写真に撮るよう指示し
ます。紙と PC をできるだけ平行にして写真を撮るよう
に伝えましょう。

　次に，スライドに写真を挿入させます。何人かで同じフ
ァイルを使う場合は，誰が何枚目のスライドを使うのかス

ライドの番号を指示します。スライドの「画像の挿入」から，撮った写真をスライドに挿入させます。

スライドに写真を挿入

これだけで，簡単な発表資料をつくることができます。また，グループで話し合ったときのメモを写真に撮って記録しておくといった使い方も便利です。

コメント機能を使おう

　コメント機能を使うと，1枚のスライドに対して，自分の考えを書くことができます。次頁の写真は，ある子の詩にグループの子がコメントを書いたものです。

　まず，書いた詩の作品を写真に撮ってスライドに挿入します。グループで1人1枚のスライドを使って写真を挿入すると，人数分の枚数のスライドができます。画面の上にある，「コメントを追加」のボタンを押すと，コメントを入力するエリアが出てくるので，そこにコメントを入力します。

スライドにコメントを追加

　人数分のスライドをグループ内で読み合って，それぞれにコメントを書いていきます。できあがった作品を鑑賞し合うことにも使えますし，下書きであれば校正のアドバイスをし合うこともできます。

テキストボックスと写真を合わせて使おう

　画面上の「テキストボックス」のボタンを押すと，テキストボックスをつくることができます。ここに文字を入力します。次頁の写真は好きな食べ物紹介のスライドを作成したものです。初めての作成の際には，このように，
・3枚のスライドを使う
・○枚目に入力する内容
・文字を入力する場所や写真を挿入する場所
を先生があらかじめ決めておくと，子どもは簡単につくることができます。

テキストボックスに文字を入力

実践のコツ

　スライドは写真の挿入から始めると低学年でもすぐにできます。また，コメント入力を使うと，友達と考えを共有することができます。スライドのページは誤って削除してしまいやすいです。慣れないうちは，少人数のグループで共有して使う方がトラブルになりにくくよいでしょう。

　スライドは発表資料として使うだけでなく，記録として使う発想にすると，使う幅が広がります。慣れてきたら，4枚程度のスライドを使って実験の記録をグループで作成したり，社会で調べたことをまとめたりすることに使えます。また，Google Jamboard で情報収集したり，整理したりしたものの画面を写真に撮って貼りつけると，デジタルノートのように使うこともできます。

2

デジタルホワイトボードを活用しよう

Google Jamboard の手書きは，低学年でも簡単に使うことができます。また，付箋機能は，紙の付箋と同じような感覚で気軽に文字を入力することができます。

フレームに手書きをしよう

フレームとは Google Jamboard のページのようなものです。Google Jamboard のフレームを2人で1枚使って，○×ゲームで遊ぶ実践を紹介します。2人ペアは隣同士にするとよいでしょう。隣の子の画面の様子を見ることができるので，同じフレームを共有しているということを理解しやすいです。

まず，どのペアがどのフレームを使うのか指示します。画面の上にある矢印を使ってフレームを移動することを教えます。ペンの使い方と書いた線の消し方も教えましょう。ペンの色の変え方を教えておいてもよいでしょう。

○×ゲームの簡単な説明をしたら，井桁の線を書かせて，ゲームを始めさせます。

隣同士で○×ゲーム

　簡単なゲームなので，終わったら消してもう一度やってよいことにすると，何度も楽しむことができます。

　ゲームの最後に，フレームを移動させて，他のペアのゲーム結果を見ることができることを教えておきましょう。今後，授業で友達の考えを参考にしながら考えたい場面が出てきたときの手段を，子どもが知ることができます。

付箋機能を使おう

　付箋は文字を入力しなければいけないので，ローマ字入力のできない学年には難しいです。しかし，PC の手書き（タッチ）パッドを使用すると，低学年でも簡単に文字を入力できるようになります。

「入学してから自分ができるようになったこと」を付箋に入力する，2年生の実践を紹介します。

　1人1フレームを使わせることとし，誰がどのフレームを使うのか指示します。付箋の入力の仕方や色の変え方などを教えます。鉛筆で紙に書いていくより気軽に入力できるため，たくさんの考えを集めることができます。思いつかなくなったら，フレームを移動させて友達の入力していることを参考にしてよいことを伝えましょう。友達の考えを見ることにより，考えを広げることができます。

手書きと付箋機能を合わせて使おう

　次の図のように，入力した付箋を内容によって仲間分けさせます。まず，付箋を移動させることを教え，似た内容で近くに集め仲間をつくるように伝えます。

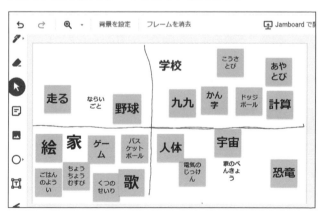

入力した付箋を仲間分け

次に，仲間の境目に手書きで線を書かせ，仲間分けさせます。分けた仲間に，仲間の名前をつけさせましょう。筆者は，仲間の名前は透明の付箋を使うように指示しました。他の付箋と区別しやすくなるためです。

　このように Google Jamboard を使うと，今まで紙の付箋で情報を集め，まなボードなどで整理していたことを，クラウド上で行うことができるようになります。

実践のコツ

　Google Jamboard の体験は手書きから始めると低学年でもすぐできます。簡単にできる遊びのうち，○×ゲームやしりとりなどのように交互に入力できるものが，協働編集していることが子どもにわかりやすくてよいでしょう。また，３〜４人で絵を描くなど少し人数を増やした協働編集を体験させるとより作業に慣れることができます。

　体験中に，いたずら書きや友達の書いたものを消すなどトラブルも起こると思います。それをきっかけにクラスでモラルやルールについて話し合うとよいでしょう。今後の授業の土台となります。

　付箋機能を使う場合について，今回は１人１フレームを使う実践を紹介しましたが，３人程度のグループで１フレームに入力していくことも可能です。入力しながらグループの子が入力している付箋を見ることができるため，より考えが広がりやすくなります。

3

スプレッドシートを活用しよう

　表計算がメインのスプレッドシートですが，授業での情報の共有が有効です。それぞれのセルに書き込みをさせることで，協働編集をしながら情報の共有ができます。

Google スプレッドシートの使い方

　スプレッドシートを活用することで，同時に多くの情報の共有を簡単にすることができます。基本的な作成の流れは次の6段階です。

① **始める**

　基本は次の形です。

・自分で作成させる：「ドライブ」の「新規」から

・先生が課題を出す：「Classroom」の「授業」から

② **ファイル名をつける**

　スプレッドシートの「無題のスプレッドシート（次頁図のA）」にタイトルを入力します。ここで検索しやすいキーワードを入れておくことで，後からファイルを探すのが

簡単になります。なお，Google のアプリケーションは自動保存されるため，「保存ボタン」はありません。

スプレッドシートのタイトル

③ 項目を作成する

活動に必要な情報をまとめやすいように，セルに項目を作成したり，名簿を貼りつけたりします。慣れてきたら，子どもに作成させてもよいでしょう。

④ セルの大きさや書式を変更する

セルの情報によっては，枠に入らないことがあるため，情報が多くなるとわかっている場合はセルの大きさを変更しましょう。また，感想文など長くなる場合に折り返して表示したいときは「テキストを折り返す（上図のB）」ボタンを押し，折り返す設定にしておくとよいでしょう。

⑤ 文字を入力する

必要な情報を入力しましょう。

⑥ 体裁を整える

文字の大きさや色，セルの大きさ等を調整して完成です。

協働編集を体験し，感想を共有しよう

　スプレッドシートは，情報を協働編集することができますが，慣れていないと他の人が書き込んだ情報を消してしまうことがあります。そこで，協働編集を体験させつつ，操作に慣れるために，食べ物や動物，学校にあるものなど知っていることを自分の列に書かせましょう。

① 　書かせるものを決め，制限時間など簡単なルールを書き，その下の行に子どもの名簿を貼りつける。

② 　子どもに自分の名前が書かれた下に進んで知っていることを書くことを伝え，情報を入れたら「Enter」を押して進むとよいことを伝える。

③ 　子どもに書き込ませ，時間が来たら終了する。

　スプレッドシートを使用すると起こるのが，子どもが他の人の情報を消してしまうことです。「Enter」で次の書き込みに進む

食べ物を使った協働編集体験

むのは，クリックで他のセルを選択すると，他の人の書き込みを消す恐れがあるためです。この作業に慣れると，セルを消すミスを減らすことができます。

　そして，作業に慣れつつ，自分が書き込みをしていると他のセルにも情報が書き込まれることを体験できます。今までは，他の人が書き込みを終えるまで情報を付け足すこ

とができませんでしたが，子どもは同じファイルに同時に情報が増えるのを見て，驚くこと間違いなしです。

　情報の共有がしやすい例として，国語科の物語や説明文を読んだ後の感想の共有があります。

① 感想用のスプレッドシートを作成し，子どもの名簿を列に貼りつけておく。感想を書くセルは「テキストを折り返す」設定にするとよい。
② 子どもに，名前の横に感想を書くように伝える。
③ 教材文を読んだ後，子どもは感想を自分のセルに書く。終わった子どもは，他の子どもの感想を見る。

　ノートによる感想では，隣や前後の子どもには伝わっても，同時に多くの人が見ることができません。スプレッドシートでは，終わったと同時に多くの感想を見ることができきます。コメント機能も使えるので評価や共感のコメントを入れることができます。

スプレッドシートを使った感想共有

　また，セルに色をつけることで，特に注目させたい記述を示すこともできます。子どもは多くの感想を見て自分の書き方と比較することができ，多様な考え方に触れることができます。

4

ドキュメントを活用しよう

文章作成には，Google ドキュメントの活用が有効です。グループで1つのドキュメントに協働編集をさせたり，コメント機能を活用して簡単に添削指導をしたりできます。

Google ドキュメントの使い方

ドキュメントを活用することで，簡単に文章を作成することができます。基本的な作成の流れは次の6段階です。導入初期は，体験させながら順番に指導していきましょう。

① **始める**

始め方は様々ありますが，基本は次の形です。

・自分で作成させる：「ドライブ」の「新規」から

・先生が課題を出す：「Classroom」の「授業」から

② **ファイル名をつける**

ドキュメントの先頭行にタイトルを入力し，次頁Aの部分をクリックすることでもファイル名をつけることができます。

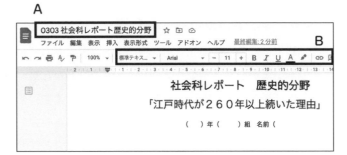

A

B

ドキュメントの使い方

　なお，Google のアプリケーションは自動保存されるため，「保存ボタン」はありません。

③　ページ設定を行う

　「ファイル」から「ページ設定」を選択し，用紙サイズや余白，向きを設定します。

④　文字を入力する

　必要な情報を入力しましょう。

⑤　図表などを追加する

　「挿入」から，図表や写真を追加することができます。

⑥　体裁を整える

　文字の大きさや色，位置などを調整して完成です。

グループで語句調べをしよう

　国語科では，多くの単元で語句調べを行う機会があります。協働編集機能を活用すれば，2，3名で「わからない言葉」を列挙した後，協力して調べることができます。

　この方法を活用することで，一人ひとりに調べる機会を確保しつつ，短い時間でたくさんの語句を調べることができます。時間差もほとんどできません。

　慣れてくると画像を追加したり，友達が調べた内容に補足やコメントを加えたりするようにもなります。

語句調べ　3班
「大造じいさんとガン」

○ガン
カモより大きく、白鳥より小さい水鳥の総称。
※写真は「コトバンク」より

○ぬま地
　ぬま。湖よりあさい水域。水深は5m以内で、水中植物が茂る。

○頭領
　集団のかしら。首領。リーダー。

○かねて
　以前から。前から。
　漢字で書くと「予て」

○タニシ
　田や沼の中にいる巻き貝。ドロの中で越冬し、春、水底に表れる

○目にもの見せてやる
　「目にもの見せる」相手をひどいめにあわせて、思い知らせること。

ドキュメントによる語句調べ

　何よりも，従来の方法と比べて友達にもわかりやすい説明をする必要があることから，しっかりと理解したうえで記述しようとする意識が高まると感じています。

コメント機能を活用しよう

　ドキュメントには，次のように2種類のコメント機能があります。

　1つ目は，「コメントを追加」です。この機能を使うことで，ある人が共有したドキュメントに対して，別の人が気軽にコメントをすることができます。作文やレポート，感想などを読み合い，共感した点や質問したい点をコメントさせるとよいでしょう。先生が行えば朱書きと同じ効果が得られます。

　2つ目は，「編集内容を提案する」です。この機能を使うことで，どの文章をどのように修正すればよいか具体的に提案することができます。提案された側がそれを受け入れれば，そのまま提案文に変換されます。

コメント機能を使った実践

　ここからは，コメント機能を使って卒業文集を作成する実践を紹介します。

　まず，子どもに書きたいテーマを決めさせます。次に，テーマに関連する情報を集め，必要な情報を取捨選択したうえで文章化させます。

　次の図は，子どもの作成画面とそれに対するコメントを示したものです。

わたしの夢

　私は将来、日本一のテニス選手になりたい~~テニス選手になって日本一になりた~~いと思っています。最近、日本人でも世界の大会で活躍できる人が出てきました。その人達の試合を見て、「わたしもあんなふうにプレーできるようになりたい」と思ったことが**理由**です。

　もう１つ理由はあります。私は、５歳の頃からテニスに通っています。最初は短いラケットから始め、３年生ごろから今のラケットになりました。ラケットが変わったばかりのころは全く打てず、それまで楽しかったテニスが全く楽しくなってしまいました。そんなときに、スクールのコーチが優しく声をかけてくれました。

コメントの方法

　１行目「日本一のテニス選手になりたい」の箇所が「編集内容を提案する」，５行目「もう１つ理由はあります」の箇所が「コメントを追加する」によってコメントしたものです。

　卒業文集の作成は，子どもと先生のやり取りが基本になります。その場合は，Classroom の「授業」から「課題」を選択し，「各生徒にコピーを作成」の形で課題を配付します。

　その準備をしておけば，次頁の図のように子どもの状況がすぐに確認でき，簡単に閲覧してコメントをすることができます。

子どもの状況一覧

　令和２年度，実際にドキュメントのコメント機能を活用して卒業文集の作成をした６年生の先生は次のように感想を教えてくださいました。

・添削作業が楽になった。

・修正が楽になり，作文を嫌がる子どもが減った。

　また，手書きでは書字の得手不得手で見た目の完成度が変わりますが，そのような差が出にくいのも ICT のよさでしょう。

5

クラスルームを活用しよう

Google Classroom は，子どもへ課題を渡したり管理したりすることができるメインツールです。ここからいつも授業がスタートすると決めておくと，とても便利です。

連絡帳から始めてみよう

まずは，クラスを作成して子どもを参加させます。クラスは複数作成できますが，子どもへ連絡するクラスを最初につくるとよいでしょう。先生は，明日の学習の用意など子どもへ連絡したい事柄をストリームに記入します。

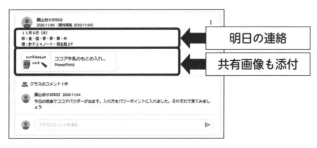

連絡帳の代わりとなる

子どもが登校し，Chromebook を開いたら，次の流れをします。

① クラスルームを開く。

② 連絡を確認する。

③ 明日の学習の用意を連絡帳に記入する。

　繰り返し行っていくとパターン化され，先生が何も指示を出さなくても，子どもは「始まりはいつもクラスルームから」という流れができます。PCを家へ持ち帰ることができる場合は，このクラスを開けば，明日の予定がわかるので連絡帳を書く必要もなくなります。

　また，子どもに見てほしいものは，ファイルをストリームに添付することができます。一斉に説明をしなくとも各々にファイルを開いて確認することができるので，時間短縮にもつながります。

お知らせしたいことはコメント機能を使う

　子どもからもクラス内へ連絡したいことをコメントに記入することができます。係活動や委員会などの連絡掲示板として活用することができます。

教科ごとに分けておく

　授業での活用が始まったら，教科ごとにクラスを作成してみましょう。

　次の図のようにそれぞれの教科ごとに区分けすることで，より使いやすく整理することができます。

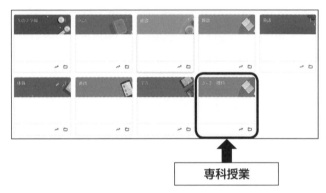

専科授業

教科別にすみ分ける

　授業の中には，担任が授業をもたない専科の場合もあります。そのような場合は，「メンバー」の画面から専科の先生の「教師の招待」を行うと，専科の先生もクラスへの参加をすることができ，情報を共有することができます。

　また同じ学年の先生とも同様に招待を行えば，お互いの授業の様子を知ることができ，授業の進め方についての話し合いもより活発に行うことができるでしょう。

動画や URL のリンクを貼ろう

　授業の中では，調べ学習として，動画や URL のリンクを添付し子どもへ見せることができます。

資料を添付する

　インターネットで検索をかけて調べ学習をすると，膨大な情報で，どこから探せばよいのか子どもが難しく感じることがあります。あらかじめストリームに資料を添付しておけば，その中から調べることができます。また，繰り返し見ることができるので，次の時間に調べ直す必要もありません。

　5年社会科「これからの食料生産とわたしたち」の学習では，新しい食料生産の取組をしている自治体がどのような活動をしているのかを調べました。グループに分かれて，まとめたことを発表しました。発表者は資料をわざわざ模造紙などに書き写したりしなくても，それぞれに添付してある資料を見てもらいながら発表することができました。

6

漢字ドリルを活用しよう

ここでは，漢字を効率的に習得するだけでなく，自分に
合ったタイミングや回数を選択するような学び方を促すた
めの漢字ドリルの活用法を説明します。

効率的に基礎的な知識・技能を習得させよう

1人1台タブレット・クラウド環境が整っても，基礎的
な知識や技能を確実に習得させる重要性は変わりません。

現在，いくつかの教材会社から指書きを PC 上で行わ
せるソフトがリリースされています。その特徴は，線の色
で，とめ・はねや筆順を確認できたり，ヒントがどれだけ
ある状態で学ぶかを学習者が選択できたりするものです。
日常的に PC を持ち帰っていれば，家庭で取り組むこと，
学校で取り組むことを再考する必要も出てくるでしょう。

漢字の習得をはじめとして，基礎的な知識・技能を身に
つけさせるときに先生が意識すべき視点は，

・確実に習得させる。

・自分で自分の苦手や得意を認識できるような学び方を習
　得させる。

の2点です。「自分はこの字をいつも間違えるから，例文を音読しながら漢字を書こう」とか，「僕はこの字は得意だから，練習を減らして，浮いた時間を他教科の学習に使おう」のような言葉が子どもから出るように，つまり自分の学び方を調整できるような教師の助言が重要となります。

　次項では，そのような学び方を支える指導の一例として，Googleフォームを活用して，これまでに学習した漢字を復習する実践を紹介します。

学習の様子

気軽に＆短時間で既習漢字を復習させよう

　Googleフォームを活用して，これまでに学習した漢字を復習させる実践について説明します。学期末が近づくと，「P.○からP.□までがテスト範囲だから勉強しておくように。テストは△月×日に行います」などと伝えてテストに臨ませるということがあるのではないでしょうか。

テストに向けて勉強することは悪いことではありませんが，習慣づけという視点で見れば，テスト前の3日間だけ勉強する習慣が身についてしまってはいくらテストの点数がよくても，これからの学びに悪影響を及ぼす可能性もあります。そのためには，気軽に＆短時間で復習できる学び方を経験させる必要があります。教育同人社「フォームで漢字の復習！苦手を克服しよう」を利用しました。

① 登校後，連絡帳とフォームを開かせる

朝，登校したらPCを起動させ，朝の連絡などを確認したり，連絡帳に家庭学習の計画を書かせたりします。その後，Googleフォームを起動させます。

② 問題に取り組ませる

あらかじめフォームのURLを配付しておきます。フォームには，次の図のような問題画面が示されています。

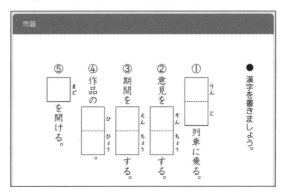

問題画面（教育同人社 GIGA活チャレンジプロジェクト）

空欄に当てはまる漢字を連絡帳（紙は何でもよい）に書かせます。わからない字はすぐに諦めさせるということが重要です。時間がかかりすぎては長続きしません。

③　答え合わせをさせる

　すぐに答え合わせをさせます。書けなかった漢字を連絡帳に書かせます。

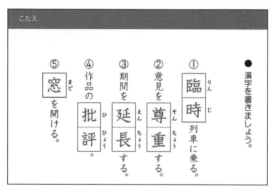

解答画面（教育同人社 GIGA 活チャレンジプロジェクト）

④　書けた漢字にチェックを入れ，傾向を確認させる

　みんながどれくらいできたのか，どの文字ができていないのかを知ることで，危機感や安心感を覚えさせることができます。

　このフォームには，5問しか入っておらず1回あたり2分で終えられます。朝の時間がなかった子どもは，給食の前後や休み時間に取り組むこともできます。

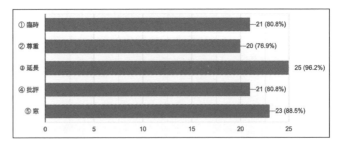

傾向把握画面（教育同人社 GIGA 活チャレンジプロジェクト）

　また，PC の持ち帰りを実施した際には家で何度も取り組んだ，出先では保護者のスマートフォンで復習したという話も聞きました。子どもにとっては，短時間＆どこでも復習ができ，そのような学び方のよさを経験することが大きなメリットです。

　1人1台タブレットが導入されたからといって，手書きでの練習はなくなりません。基礎的な知識・技能の習得と並行して，「学び方」も学ばせることで，ゆくゆくは自分に合った学び方を模索しながら学べる子どもを育成する，という考え方が大切です。1人1台タブレットは，そのような考え方を具現化するサポートをしてくれるものの1つです。

連絡帳

7

教科書，資料集から
情報を読み取ろう

　クラウドを活用して資料を読み取ることで，より多くの情報を得ることができるようになります。ここでは，資料の読み取りの手順や読み取り方について説明します。

資料から読み取ったことを共有しよう

　授業中に，教科書や資料集のグラフや図，写真などの資料を読み取る場面が多くあります。

Google Jamboard を使った資料の読み取り

　これらの資料を Google Jamboard などに貼りつけることにより，子どもたち一人ひとりがわかったことや気づいたことを共有することができます。

① 読み取らせたい資料を貼りつける

提示したい資料を PC に取り込みます。そして，Google Jamboard の「画像を追加」から取り込んだ資料を貼りつけます。

資料は，見やすいようにできるだけ画面いっぱいになるように大きくしましょう。

② 必要な数のフレームをつくる

Google Jamboard の上部にある「フレームバーを展開」を開き，「コピーを作成」を選び，グループ分のフレームをつくっておきましょう。

なお，フレームは，最大20枚までつくることができます。人数が多いと，１つのフレームに入りきらない情報が集まってしまうので，３人〜４人ぐらいのグループ設定をしておくとよいでしょう。

③ 付箋で打ち込ませる

「付箋」を選び，わかったことや気づいたことを打ち込ませます。誰がどのような意見を述べたのかわかりやすくするために，付箋の色を一人ひとり変えておきます。

④ 付箋をグループ分けさせる

子どもが意見を付箋に打ち込み終わったら，同じ意見や似たような意見をまとめ，グループ分けさせましょう。

協働編集ができるので，意見ごとに担当を変えるように
指示をするとスムーズにグループ分けを行うことができま
す。

⑤　気づいたことを共有させる

　自分たちのグループがまとめ終わったら，他のグループ
のフレームを見るように指示します。そうすることで，自
分たちにはなかった，新たな発見や気づきが生まれること
があります。

　今までは，先生と子どもとのやり取りで進めていました。
しかし，それではある一定の子どもの意見しか拾うことが
できませんでした。Google Jamboard を活用すること
により，子ども同士で気づきや発見を共有し合い，すべて
の子どもの意見を表に出すことができるようになります。
　自分の考えだけでなく，様々な考えに触れることで，よ
り深く情報を読み取れるようになるでしょう。

資料を拡大して読み取ろう

　資料を読み取る際に意識させたいことの1つに，拡大し
て読み取ることが挙げられます。
　教科書や資料集の資料を貼りつけるだけでも，十分大き
く見やすくなるのですが，さらに拡大することで今までで
は見えなかった情報が見えてくることがあります。拡大し

て資料を読み取った5年社会科「米づくりのさかんな地域」の実践を紹介します。

　導入に，「庄内平野の景観を捉えて，話し合おう」という学習内容があります。そこで，Google Jamboard に庄内平野の写真を貼りつけて，わかったことや気づいたことを共有させました。

　いつも通りに子どもは，写真から情報を読み取り，次の上の図のように付箋に打ち込んでいましたが，「拡大して資料をよく見てみよう」と声をかけると，1人の子どもが，何か大きな建物があることに気づきました。

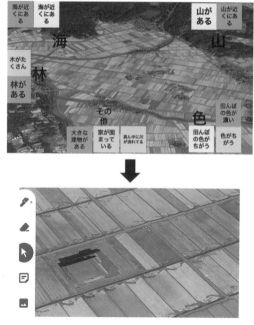

子どもが作成した Google Jamboard を拡大表示

この大きな建物は，後に学習する「カントリーエレベーター」です。遠目で見ていると，景観の一部になってしまっていた建物も，拡大することによって大切な学習問題の1つとなりました。拡大して見ることで，新たな発見が生まれます。

　また，拡大することで資料の細部まで読み取ろうとする変化が起きます。クラウドを活用し，資料を細部まで読み取り，子ども同士で共有することで，より質の高い読み取りができるようになるでしょう。

8

インターネット上の動画，資料から情報を集めよう

インターネットを使うと必要な情報を探しやすいです。ここでは，インターネット上にある動画や資料などを検索して情報を集めるときに気をつけることを説明します。

課題を決めよう

インターネットで情報の収集をする前に大切なことは，何を調べるかを明確にすることです。インターネットは，教科書や資料集と違って，範囲が定まっていません。そのため，ただ「○○について調べよう」と指示を出しても，情報の範囲が先生の意図しないところまで広がってしまう恐れがあります。

そこで，調べることが明確になっていることが重要になります。「SDGsについて調べよう」ではなく，「SDGsに挙げられている問題には，どのようなものがあるか調べよう」のように何を調べればよいかがわかるように提示するとよいでしょう。

理科なら，

「地震や火山の噴火について調べよう」

→「地震や火山の噴火があると起きる大地の変化について
　調べよう」
　社会科なら，
　「日本と関係の深い国について調べよう」
→「日本と関係の深い国を比較して，どんな違いがあるか
　調べよう」

　このように，調べることを焦点化することで，何を調べ
るのかを子どもがイメージしやすくなります。

キーワードから調べて情報を集めよう

　課題を決めたら情報収集へと移ります。「SDGsのわか
りやすい問題」のように文で入力をするより，「SDGs
問題　わかりやすい」のようにキーワードで入力した方が
調べたい情報が検索できます。インターネットでの情報収
集に慣れていないと，調べたい文をそのまま打って調べる
子どもも多いため，はじめのうちはキーワードを全体で確
認してから調べるとよいでしょう。

　次頁の図のように先生がGoogle Classroomで提示し
て，徐々に子どもからキーワードが出てくるように問いか
けるとよいでしょう。

　また，キーワードが子どもから出てこない場合は，どん
なことを書けばよいのかがわかっていないことも考えられ
ます。課題の見直しや，完成形をイメージさせるなど，キ
ーワードが出てきやすい環境を整えていきましょう。

キーワード検索をして、大地が変化した災害を調べます。
「地震」「噴火」「大地」「変化」「くずれる」「しずむ」「もち上がる」などのキーワードを組み合わせて一人一スライドにまとめます。例は、37にあります。

書く内容は、
①　いつ、どこで起こったのか。
②　どれくらいの規模（マグニチュードや震度、溶岩の量、火山灰の量）だったのか。
③　被害の状況。死者や、倒壊した家屋。
④　その他、地震や火山によって起こった被害。
です。時間がある人は、より詳しく書きましょう。

子どもへの提示の仕方例

おすすめのホームページから情報を集めよう

　キーワードの検索ができるようになると，情報の収集はとても早くなります。しかし，数多くのホームページから必要な情報を探すのは大変なことです。公式のホームページは難しい言葉が並んで，子どもが理解しにくいものもあります。そこで，先生が参考になるホームページのリンクを貼りつけておくという手段があります。子ども向けに書かれたホームページを紹介することで，検索するのが苦手な子どもはまずそこから情報を収集することができます。

　情報の収集に慣れてきたら，子どもからおすすめのホームページを紹介してもらうこともよいでしょう。Google Classroom のコメント欄を使い，おすすめのホームページが見つかった場合，次頁の図のようにリンクを貼りつけてもらいます。検索が苦手な子どもは，そのリンクも参考にして情報を収集することができます。どのようなキーワードで検索できたかを確認することで，次の活動時には同

じように検索することができるようになるかもしれません。

コメント欄に貼られたリンク

インターネットの情報収集で気をつけること

　インターネットの情報収集には危険な面も潜んでいます。それが Chapter1「6　情報モラルの指導」でも取り上げた情報の信憑性です。ホームページは誰がつくったものか，いつ書かれたのか，何をもとに書かれているか，他のホームページの情報と違わないかなど，情報の信憑性の確かめ方を確認し，必ず参考にしたことを示す記述を書くように伝えなければなりません。

　また，文や図を引用するときには著作権に違反しないかの確認も必要になります。ホームページの「はじめに」や「利用規約」などを見て，情報を引用してよいかの判断をする必要があるでしょう。また，ただ文をコピーして貼りつけるだけでは，「集めた気分」で終わることもあるので，要約して書かせる工夫をするとよいでしょう。

9

グラフや表に整理・分析しよう

アンケートや図書資料，インターネットなどで情報を集めたら，まとめる前に整理・分析をします。整理・分析の基本である表とグラフの作成方法や実践例を紹介します。

整理・分析の習慣をつけよう

小学校学習指導要領解説では，「探究的な学習における児童の学習の姿」を右の図のように示しています。図にあるように，情報を集めた後はそのデータ

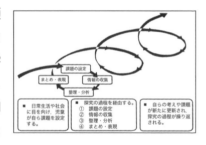

探究的な学習における児童の学習の姿

を整理し，そこからわかることを分析的に捉える整理・分析の活動が必要です。これは総合的な学習の時間を例に示されたものですが，探究的な学びが求められる今日，どの教科の指導においてもこの過程を意識することが大切です。

整理・分析する際のデータを大きく分けると，量的データと質的データに分けられます。量的データは，アンケー

トなどで得られる「賛成の人は10人」「この道路を5分間に走る車は25台」などの数値化できるデータです。一方，質的データは，インタビューや図書資料，インターネット検索などから得られる言葉で表現された，数値化できないデータです。学校では量的データは表やグラフ，質的データは表や思考ツールに整理する場合が多いです。

表やグラフに整理しよう

　量的データを表やグラフに整理する方法について，5年理科「振り子の運動」を例に紹介します。

　本単元では「振り子が1往復する時間は何によって変わるのか」という課題に対して仮説を立て，「おもりの重さ」「振り子の長さ」「振れ幅」を変えながら実験を重ねます。その際，データをスプレッドシートに入力させることで簡単に結果をグラフ化することができます。

　高学年であれば，関数を使って平均を求めることもできます。この方法により，短時間で結果を整理することができ，結果を分析したり学級全体で話し合ったりする時間を十分に確保することができます。

　なお，表を選択して「挿入」→「グラフ」の手順で作成すると，1，2回目の実験結果も含めたグラフが出力されます。「平均」のみのグラフにする場合は，グラフをダブルクリックして「グラフエディタ」を開き，「設定」→「系列」から1，2回目を削除します（次の図のA）。

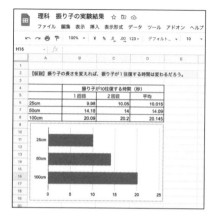

スプレッドシートを用いた表とグラフの作成

　一方，小学校でグラフを作成する機会はそれほど多くありません。そこで便利なのは，Google フォームです。これを活用することで「学級レクの遊び決め」など，簡単にアンケートを作成し，自動で表やグラフを表示できます。表やグラフに慣れるために大変有効です。

整理したら分析をしよう

　整理・分析で大切なことは，表やグラフを作成すれば完了ではないという点です。表やグラフにまとめた後に，そこから何が言えるか，何が主張できるかを詳細に分析することが大切です。

　例えば，地域活性化の取組を考え，地域に提案する，総合的な学習の時間の学習を例に考えます。子どもたちは地域をよりよくするアイデアを考え，それに賛成か反対かを

地域の方に調査した後，下の図のように整理します。十分な分析がなければ，すぐに最も賛成の多い「子育て支援の充実」が結論となります。

①	スプレッドシートを開く。
②	表の枠組みを作成する。
③	結果を入力する。
④	平均を計算して入力する。
⑤	グラフ化する。
⑥	グラフの体裁を整える。

アイデアの整理

しかし「なぜマスコットキャラクターは反対が多かったのか？」「子育て支援は，具体的に何が有効なのだろう？」など，さらに気づいたことや疑問点を話し合い，調べたり，追加調査したりすることで「マスコットキャラクターはすでに多数あり，今からつくっても知名度が上がる可能性は低い」「子育て支援の中でも学童に力を入れてほしいと子育て世代の方は思っている」といった，より課題に対して有効な最適解を導き出すことができます。

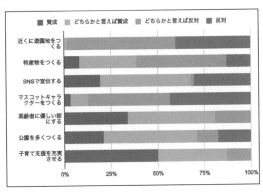

子どものアイデアに対する地域の方の意見

10
思考ツールを活用して
整理・分析しよう

　思考ツールを使うことで，質的な情報の整理・分析を日常的に行うことができます。また，子どもの考える力をはぐくむことにもつながります。

思考ツールとは？

　質的データの整理・分析に関連し，近年シンキングツールが多くの学校で用いられています。

　シンキングツールとは，ベン図やクラゲチャート，ピラミッドチャートのように，枠組みに言葉を書き込むことで期待する思考を促すツールのことです。頭の中の情報をツールに書き出すことで考えが整理されるとともに，可視化されることで他者と協働しやすくなるという効果も期待できます。

　シンキングツールは，思考スキルと対応しています。研究者の泰山裕氏は，学習指導要領において「考える」ことが求められる学習活動を分析し，「比較する」「関連づける」「分類する」「理由づける」など19の思考スキルを抽出しました。ですので例えば，比較するときはベン図，分類

するときにはX・Yチャート，理由づけるときにはクラゲ
チャートなど，課題解決に必要な思考に適したシンキング
ツールを使うことが大切です。

　小学校学習指導要領解説　総合的な学習の時間編では，
思考スキルを「考えるための技法」，シンキングツールを
「思考ツール」という名称で取り上げ，教科等横断的な活
用を求めています。よって，以下ではシンキングツールを
「思考ツール」と表記し実践例を紹介します。

思考ツールをクラウドで使おう

　PCでも，思考ツールを使うことができます。次の図は，
3年社会科でスーパーマーケットとコンビニを比較する学
習の様子です。

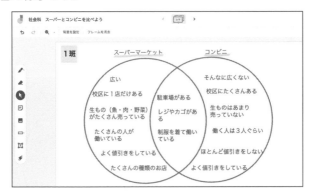

ベン図を使って比較する学習活動の例

　単元の序盤に，このようにグループで既得知識を整理し
合うことで「なぜコンビニには生鮮食品はないんだろ

う？」「制服にはどんな意味があるのかな？」などの疑問が生まれ，その後の追究につながります。また，十分に知識や概念が身についた単元後半であれば，個人で情報を整理し，自分なりの考えを導き出すことも大切です。

思考ツールの活用方法

次に，Google のアプリケーションを用いて思考ツールを使う方法を紹介します。スライドなど他のアプリケーションでも使うことはできますが，操作や協働編集の簡便さを考え，Google Jamboard での活用方法を紹介します。

① 思考ツールの画像を用意する

思考ツールの画像を用意します。まず，次の図のように「図形」で作成したい思考ツールを描きます。

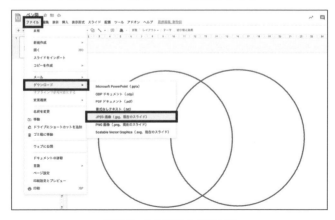

思考ツールを画像化する方法

次に「ファイル」「ダウンロード」「JPEG 画像」の手
順で画像化します。

②　作成した画像を背景にする

Google Jamboard を立ち上げた後，「背景を設定」
「画像」の順に選択をすれば背景として貼りつけることが
できます。背景に設定すれば，子どもの操作によって動い
たり消えたりすることはありません。

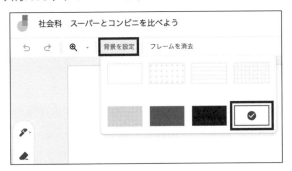

背景の設定方法

③　子どもに共有し，学習の道具として活用させる

クラスルームの「ストリーム」や「授業」から子どもに
共有します。グループで協働編集させる場合は，画面最上
部にある「フレームバーを展開」から，必要な班の数だけ
コピーし，班番号をつけます。

なお，子どもに入力させる場合は，低・中学年は操作が
簡単な「付箋紙」，高学年は自由度の高い「テキストボッ
クス」がおすすめです。

クラウドで思考ツールを活用するコツ

　思考ツールを活用するうえで最も大切なのは，対応する思考スキルを意識させることです。指導を始めて間もない頃は，「この問題を解決するにはどう考えたらよいかな？」「多面的に考える場合はどのツールを使う？」といった具合に，学級全体でていねいに課題・思考スキル・思考ツールを対応させます。同時に，そのツールを活用する方法を具体的に指導することも大切です。例えば，クラゲチャートを用いる場合は，「頭の部分に主張や意見を書いてから足の部分にその理由を書く」「足が足りなくなったら書き足してよい」ことを指導します。ピラミッドチャートを抽象化のツールとして活用する場合は，「下段には集めた情報やアイデアをたくさん書く」「中段には下段に書いたことをまとめたり，共通点を見つけて書いたりする」「上段には中段に書いた内容を1つの主張やアイデアにまとめる」ことを説明した後，具体的な事例を用いて何度か全体で練習をします。思考ツールの活用に慣れてきたら，児童が自らツールを選んだり組み合わせたりしながら課題解決できるよう，徐々に足場を外していきましょう。

　子どもが自らツールを選ぶには，例えば「共有ドライブ」にいくつか思考ツールの画像データを入れておくという方法が考えられます。高学年であれば，子どもがGoogle　Jamboard を立ち上げ，選んだツールを背景にして情報の整理・分析を行うことも十分に可能です。

11

文章にまとめよう

　情報を収集し，整理・分析をしたら，その成果を文章に
まとめましょう。学びを文字言語に落とすことで，単元や
本時の学びがより確かなものになります。

単元の学びの成果を文章にまとめよう

　単元の後半に，学びの成果をまとめる場面を設けましょ
う。平成20年度改訂の小学校学習指導要領では，習得した
知識の活用を通して思考力，判断力，表現力等をはぐくむ
ことが求められました。また，近年，知識や技能等を総合
して課題解決を目指すパフォーマンス課題に子どもが取り
組む実践が多く行われています。これらが示すように，単
元の後半には，子どもが個人で学んだり協働的に学んだり
したことをまとめる活動が必要です。

　まとめには様々な方法があります。次頁の囲みは，京都
大学の西岡加名恵氏が提唱するパフォーマンス課題を参考
に，まとめ方を整理したものです。多様にあるまとめ方の
中から，単元の目標や時間数，教科の特性を踏まえて適し
た方法を選択し，取り組ませるとよいでしょう。

- レポート，小論文，論文
- 実験レポート，観察記録
- 物語文や説明文，詩
- 新聞，リーフレット
- プレゼンテーション，口頭発表
- 実験計画，実験報告書
- 演劇，ダンス，作曲，演奏
- 絵画，彫刻，スポーツの試合
- 学習内容の説明動画

まとめの方法例

　次に，6年の社会科でまとめレポートを作成させる実践を紹介します。次の図は，単元の課題に対する子どもの作品例です。課題を提示し，個々で取り組ませた後クラスの友達と読み合う学習活動の流れを紹介します。

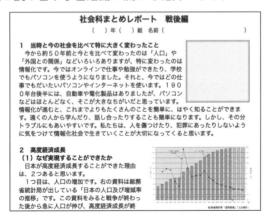

まとめレポートの例（6年・社会科）

① 課題を作成する

「単元のまとめをしましょう」と指示するだけでは，適切にまとめることは困難です。何をまとめるのかという「内容」と，どのようにまとめるのかという「方法」が指示に含まれている必要があります。

次の図は，6年の社会科の単元の課題例です。単元のまとめで大切なのは，単元の目標を踏まえて先生がまとめの完成イメージをある程度もち，それが表出されるような課題を示すことです。

単元の課題

松原小学校は今年で創立50周年を迎えました。学校が完成した1900年代後半はどのような時代だったでしょうか。私たちのルーツを知るためにも、学習したことを使って次の2つについて考えをまとめてください。

1 当時と今の社会を比べて「特に大きく変わったこと」を1つ挙げ、その理由やそれが人々の暮らしに与える影響を書きましょう。

2 なぜ高度経済成長期を実現することができたか、あなたの考えを書きましょう。そして、それを参考に、令和の時代がより良くなるための提案をしてください。

・A4、約1枚でまとめましょう
・必要であれば資料は2点まで入れてOKです
・参考にした資料があれば＜参考文献＞に示しましょう

単元のまとめ課題の例（6年・社会科）

なお，このような課題は，単元の後半に提示することもありますが，筆者は単元の導入で提示し，最終的に解決すべき課題を意識しながら学習を進めるようにさせています。

② テンプレート（ドキュメント）を配付する

今回は，ドキュメントで作成をさせます。Google Classroom の「授業」→「課題」→「＋作成」の手順でドキュメントを選択し，「各生徒にコピーを作成」の形式

でレポートのテンプレートを配付します。

テンプレートは，タイトル欄，組・番号・氏名，余白などのページ設定，見出し，フォントサイズをあらかじめ入力・設定しておくとよいでしょう。

③　課題に取り組ませる

④　子どものレポートを共有し，読み合えるようにする

配付した課題を「課題を表示」から確認すると，子どもの名前や進捗状況を確認できます。この画面から「フォルダ（次の図のA）」を選択すると，全員のレポートが入ったフォルダへ移動します。

このフォルダのリンクをストリームなどで共有すれば，友達のレポートが読めます。

「課題のフォルダを開く」アイコンの所在

本時のまとめも大切にしよう

　ここまで単元でのまとめの話をしてきましたが，もちろん本時の授業でもまとめは必要です。授業の終末場面で「今日の学習の中で最も大切なこと（学んだこと）」を記述させます。そして，単元のまとめを書く際にそれらを改めて読み返させることで，毎時間の学びを生かしてまとめを書くことができます。

　毎時間のまとめは，文章だけならスプレッドシート，従来の振り返りカードのように表を用いるなどの場合はドキュメント，写真や資料を入れてまとめたい場合はスライドなど，目的に応じてツールを選択します。特に思考ツールを活用した後は，獲得した知識や発想などを改めて文章で書き留めさせることが重要です。

４年生理科での本時のまとめ

12

プレゼンスライドにまとめよう

　調べたことや考えたことをプレゼンするときにはスライドにまとめることが有効です。1つのスライドを協働編集することができます。

スライドをつくる前に確かめたいこと

　プレゼンスライドをつくり出す前に子どもたちに目的意識をもたせ，共通理解を図っておくことが大切です。まずは，誰にプレゼンをするのか，ということです。これにより，子どもたちは相手にわかりやすいスライドを作成することへの必要性を感じます。

　例えば，低学年向けであれば，ふりがなをつけることや，易しい言葉の選択，大きな字にするような工夫を始めるでしょう。

　次に何を伝えるのか，ということです。課題設定を広くしてしまうと，調べる内容が浅くなってしまいます。だから，何を最も伝えたいのか，そのために何を調べる必要があるか，ということをまずは話し合わせることが大切です。具体的な課題設定が必要になってくるでしょう。

情報を整理してからスライドへ

　直接スライドへ調べたことを打ち込んでいくと，子ども
たちはなかなか伝えたいことをわかりやすく伝えるスライ
ドを作成できません。一度子どもたちの頭の中で話の流れ
を構造化させることが有効的です。

　例えば，Google Jamboard を使って調べたことを一
度アウトプットさせ，１つのトピックで何を伝えたいのか，
そしてそれに向けてどのような情報が必要なのか，という
ことを次の図のように考えさせます。

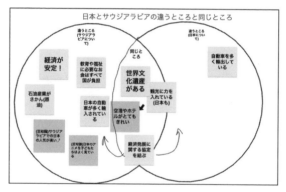

調べたことを一度メモする

　この工程が１つ増えることにより，手間に感じますが，
その後のスライド作成では，見やすさや伝わりやすさだけ
に力を入れればよいので，プレゼンのスライド作成がスム
ーズになります。

プレゼンスライドにまとめよう

　プレゼンスライドをつくるときは，いくつかわかりやすくまとめるコツを全体で共有しておくとよいでしょう。

　例えば，調べたことをただコピー＆ペーストするのではなく，次の図のように短文にまとめることや，読みやすいレイアウト，大切な言葉を強調するとわかりやすいです。

◎**貧困をなくすためにできること！**

①**募金**の呼びかけや**イベント**の活動などの**ボランティア活動**
②**支援団体**への寄付
③貧困問題に対して行われる**イベント**の参加
　＜みんなができること＞
　　　募金活動が有効な手段!!↓
　支援団体が活動できる幅も広がる!!

端的に伝えるスライドづくり

　また，プレゼンスライドが発表原稿にならないよう情報を精選することを心がけるように子どもたちに意識させるとよいでしょう。一枚にたくさんの情報を入れるのではなく，伝わりやすさを重視させることが大切です。

　スライドは協働編集ができるため，子どもたち同士でスライドにコメントし合い，協力してわかりやすいスライドをつくることもできます。頭の中に入りやすい話の流れを意識してスライドの順番を変えたり，話の順番を工夫させたりすることが大切です。

実践のコツ

　まずはゴールイメージを子どもたちにもたせるとスムーズです。最初は子どもたちにわかりやすいスライドとはどういうものか，ということを共通理解させておくことが大切でしょう。子どもの実態によって，先生が示すことも１つの手です。

　他にも，自分のグループ以外の子のスライドも見せることで，よい部分は真似させるようにすると，プレゼンスライドの質が上がります。

13

プレゼンをしよう

スライドに調べたことをまとめたら，プレゼンをします。プレゼンをするときに心がけるとよいことを紹介します。

プレゼンをするコツは今までと変わらず

プレゼンをするときに心がけることは，今までの伝え合いと大きくは変わりません。根底にあるのは相手にわかりやすく伝える，ということです。相手に伝わりやすくするためには何を工夫したらよいか，ということを子どもたちと共通理解しておくことが大切でしょう。

例えば，今までノートを使って説明するときに行っていた指さし，というのはプレゼンをするときにも必要です。今まで行っていた伝え合うときに工夫していたことを想起させるとプレゼンにも生かされます。

他にも，はきはきと話すことや，聞き手の方を見て話をする，というのは今まで行ってきたことと変わりません。ただ，スクリーンを使ってプレゼンする際には体の向きを聞き手に向ける，ということを意識することが大切になってくるでしょう。

最初はペアで伝え合う，という活動を入れることも有効
です。

ペアで伝え合う活動

班でプレゼンをして場数を踏む

　クラス全体の前でのプレゼンはまだハードルが高い，と
いうときには，まず班でプレゼンをし合い，場数を踏むと
よいでしょう。

　班の中であれば，時間もそうかかりません。授業時間内
で，いくつかの班とプレゼンをし合っても，十分に時間を
とることができ，何回もプレゼンをすることができます。
班同士でプレゼンし合うときには，画面を指で指し示すこ
とで，話しているところがどこかわかるようにする工夫が
必要になるでしょう。

班でプレゼンをしている様子

クラスの前でプレゼンをしてみよう

　班の中でプレゼンをし合い，場数を踏んだうえで，オンラインなどを活用して画面共有をしながらみんなの前でプレゼンをすることをしてみましょう。Google Meet などを活用することにより，他のクラスに教室移動をせず，簡単にプレゼンをし合うことが可能になります。

　みんなの前でプレゼンをすると，時間はかかってしまいますが，全体で共有したいことを共有することができます。その際には指棒などを使用し，注目してほしいところを指すことや，聞き手の方に体を向けるなどの基本的な技能の確認は必要になってくるでしょう。

クラスの前でプレゼンをしている様子

14

動画や共有フォルダで伝えよう

　ここでは，共有フォルダの活用，動画を活用した発表・相互評価を取り入れた実践について紹介します。実践の様子や，その効果などについて説明します。

共有フォルダで伝えよう

　1人1台タブレットの導入とともに，共有フォルダを活用できるようになります。共有フォルダは，共有を認めたユーザーであればその内容を閲覧したり，編集したりすることができます。そのような機能を活用して，
・ノートの共有
・動画を共有・相互評価の実施
の2つの事例を紹介します。

　まず，ノートを共有して，一部の子どものよさを学級全体に広める実践を紹介します。これまで，子どもが素晴らしい内容の感想を書いていたり，上手にノートをまとめていたりしたときに，ノートをコピーして壁に掲示していました。もちろん掲示された子どもは嬉しいですし，その内容や方法が学級全体へ広まるという効果もあります。

しかし，毎回そのような作業を続けることが負担でもあります。そこで，そのデータを共有フォルダに整理します。例えば，次の図のように整理しました。

共有ドライブ

　「自主学習の参考資料」には，次の図のように，上手にまとめられた自主学習のノートを整理しています。

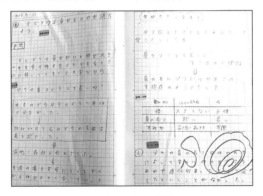

子どもの自主学習

　先生が自主学習をチェックしながら，「いいな」と思ったものの写真を撮り，アップロードするだけなので簡単です。また，自主学習を Google スライドや Google ドキ

ュメントで取り組む子どもが出てきた場合，それもアップロードすることができます。家庭への持ち帰りができるようになっていれば，アップロードされた友達の自主学習を見ながら学習することができます。

　また，データであれば許可を得てコピーをすることが可能です。これまでより，圧倒的に学習方法が広まる速さが上がりました。

動画で伝えよう

　上述の通り，共有フォルダにはどの形式のデータでも入れることができます。これまで「発表」といえばスライドを作成し，練習をして，他者へ伝えるという同期型が一般的でした。しかし，動画をアップロードする，非同期型の発表とすることで，様々な変化が見えてきました。

　実施単元は，6年国語科の「メディアと人間社会／大切な人と深くつながるために」（光村図書）です。筆者の考えを踏まえて，私たちはどのようなことを意識して生きるべきかを提案する課題を出しました。プレゼンの様子を撮影して，次頁の図のように共有フォルダにアップロードさせました。

　Google フォームをそれぞれの班が作成し，相互評価を行いました。動画資料＆評価期間を設定したことで，その期間に視聴・評価することができました。

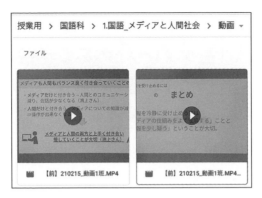

共有フォルダにアップロード

　成果物を動画にすることの効果は，再撮影することができることです。自己評価の頻度が上がります。評価する側にとっても，何度も再生して内容を確認できるので，真似したいところや改善点の指摘が具体的になりました。

　子どもは，「みんなの評価が詳しくて嬉しい」「動画の方が落ち着いて見られる」などと効果を実感していました。また，家庭で動画を見て，保護者からアドバイスをもらったという声もありました。学校での学びを家庭へとつなぐ契機になったとも言えます。

　動画や共有フォルダを活用することで，情報共有のスピードが圧倒的に上がり，非同期型の発表も可能になりました。非同期型になることによって，学校内で閉じてしまいがちな学びが，社会へ広がっていく契機にもなりました。

15

1人1台タブレットのある学校の
一日を見てみよう

　ここでは，1人1台タブレットが導入されて数か月後となる，ある公立学校の一日の様子を紹介します。どのような意図でどのような取組が行われているのかを説明します。

学校生活全体で活用する

　教室に1人1台タブレットがやってきました。すぐに授業で活用しようとしても，なかなかうまくいきません。子どもにPC活用に関するスキルが身についていない段階では，教科で学ばせたい学習内容の習得を，PC活用に関するスキル不足が妨げる可能性もあります。

　導入初期にはスキルを「教えながら」学ぶ場面が多くなりますが，徐々に教えたスキルを「発揮しながら」学ぶ場面を意図的に増やすことが理想です。子どもがスキルを身につけて，授業で活用できるようになる過程は，スキルの習得とともに，色が段々と濃くなっていく，グラデーションのようなイメージです。

　しかし，授業時間内で，PC活用に関するスキルを指導する時間は多くありません。そこで筆者は，授業以外の場

面でスキルを体験的に習得させ，徐々に授業で発揮させる，という次の図のようなイメージで活用を始めました。

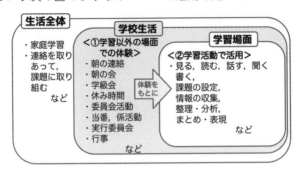

活用場面のイメージ

　以下の項では，子どもの１日を追うような形で，子どもの生活や学びがどのように変化するのかを紹介します。なお，本稿で紹介する学級は，PC を活用し始めて５か月，家庭への持ち帰りを始めて１週間程度です。

1．登校後，授業前の時間

　子どもは，教室に入るとすぐに Chromebook を開きます。これまでは明日の連絡を連絡帳に書いていましたが，今は Classroom に掲載されており，明日の連絡は，家庭で確認することができます。

　空いた時間を使って，子どもは連絡帳に，どのような自主学習を行うかを書き込んだり，Google Calendar に授業後の予定を書き込んだりしています。自分に必要な学習計画を立てる時間になっています。

次の図は，ある子どものカレンダーの画面です。授業後の予定が具体的に記されています。また，その横には友達のカレンダーが表示されています。これまでも，計画を立てさせる活動は行われてきたかと思います。加えて，友達とカレンダーを共有することで，友達の時間の使い方を参考にすることができます。子どもは「友達のものを真似しやすくて，いい」「友達が頑張っているから刺激になる」などと感想を述べています。

カレンダーの共有

　次頁の図は，子どもがグループチャットを用いて，連絡を取り合っている様子です。これまでは，話し合いをするときに集まる時間帯や場所についても，お互いのクラスへ行き来するなど，直接会って調整していました。グループチャットを活用することで，日程調整のような軽い話題はオンライン上で行い，本当に話し合いたいことは直接行うことができます。

チャットルームでの話し合いの様子

　その日の授業の流れを Google Classroom で確認したり，授業で使用するデータを，事前に開いたりする子どももいます。そうすることで，子どもは安心して授業に臨むことができます。子どもがしていることは，主に情報の共有や確認です。

　これらの活動は，１人１台タブレットがなくてもできることですが，クラウドを活用することでこれまで共有できなかった情報を扱うことができます。そのため，表面的な行為は同じでも，扱える情報の量や内容が異なり，活動の質も変化します。グループチャットの例で言えば，直接行われる話し合いが本当に話し合いたい内容に絞られるので，得られる結果の質が高まるでしょう。

　このように，１人１台タブレットは，子どもがこれまで当たり前のように行ってきた情報の共有や確認の質を大きく変えていきます。

ここからは，1人1台&クラウドを活用した授業について紹介します。

①　6年体育科「表現運動」

本時は，グループで考えたダンスの検討会を行います。あらかじめ Google Classroom に本時の学習課題やルーブリック，学習の流れを掲載しておくことで，子どもは学習内容を確認することができます。

学習内容と同時に，「どのように学ぶのか？」という学習方法も伝えることができます。徐々に「掲載する情報を減らす」「子どもに掲載内容に質問をさせる」ことで，家庭学習でも同様の学び方ができるようになることをねらいとしています。

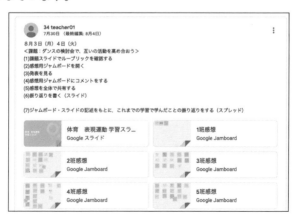

子どもに提示した内容

先生が学習内容について簡単に説明した後，ひと班ずつダンスを発表します。発表に対して，Google Jamboard にコメントを書き込みます。コメントを書くために「踊りから内容がイメージできるか？」「低学年でも真似できそうか？」などの視点を与えました。視点をもとに事実や意見を Google Jamboard 上で整理させることで，子どもは付箋を色分けしたり，付箋を貼る位置を整えたりし始めました。

子どもが書き込んだ内容

　子どもは自分たちの発表に対するコメントを見ながら話し合いを行います。Google Jamboard に書かれている内容と，自分たちの実感を対比させながら話し合う様子が見られました。授業の終末には，Google スライドに，班での振り返りを書き込ませました。

　Google スライド，Google Jamboard での協働編集作業では，常に他者の学習活動の様子が参照できます。そうすることで，意見を表出させるハードルが大きく下がります。普段は意見を出せない子どもも，友達の意見を真似して書き込むことができていました。また，得意な子どもにとっては，意見を整理したり，友達の意見に賛成したりするよう追加の指示をすることによって，より積極的に活

動することができていました。

　単元の終末には，Google Classroom の課題機能を活用して，学習の振り返りを提出させました。振り返りの文章は，ルーブリックを示し，文章のどのような部分に価値があるのかをコメントで伝えるようにしました。

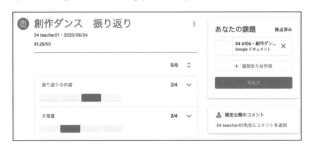

課題が返却された子どもの画面

　これまで，主体的に学習に取り組む力については，毎日の学習の様子や振り返りの文言を頼りに評価を行ってきました。子どもにとっては，どのような部分で評価されているのかが見えづらく，先生にとっても具体的なフィードバックを日常的に行うことは難しい状況でした。しかし，Google Classroom によってコメントを容易に入れられること，ルーブリックで評価の基準をある程度量的に示せるようになりました。

　さらに，先生からのフィードバックを受けた後に，再提出を認めることで，子どもにとっての「先生が評価をすること」は，通知表のために行うのではなく，「子どもの頑張りを認め，励ますこと」という価値観を伝えるためにも効果的でした。

②　6年社会科「縄文のむらから古墳のくにへ」

　本時は，縄文時代の学習をもとに，弥生時代の暮らしについて学ぶ時間です。前時では，縄文時代の暮らしの様子を描いた絵から，縄文時代の暮らしの特徴を学びました。暮らしの様子を読み取るためには，「建物」「衣服」「食べ物」「道具」という見方が必要であることも学びました。

　弥生時代の暮らしの様子が描かれた絵から，情報を集めます。以下の情報を Google Classroom に掲載しました。これまで共有したくても時間の関係で共有しづらかったルーブリック（図中ではゴール）の共有ができます。

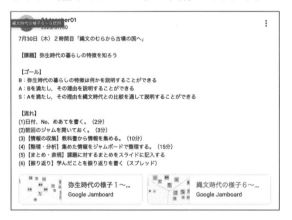

子どもに提示した内容

　見方に基づいて弥生時代の暮らしの特徴を書ければ「B」，理由が書ければ「A」，縄文時代との比較について書ければ「S」のように，本時の学習では何ができればよいのかが明確になるだけでなく，このような学び方を家庭学習でもできるようになってほしいという先生の意図を伝

えることもできます。

　教科書から集めた情報を整理する段階では，整理する方法を習得させ，今後の学習で活用できるようにする必要があります。そこで分類するという方法と，可視化するための「Ｘチャート」「Ｙチャート」のようなツールを教えます。グループで分類する活動を行うために，Google Jamboard を使用しました。Google Classroom には，「１〜５班用」「６〜10班用」と２種類のデータを入れました。そうすると，他の班の様子を参照しながら学習を進めることができます。実際の授業では，集めた情報を個人で Google Jamboard に入力し，グループで分類します。視点ごとに色を分けたり，ある視点の情報が少なければ収集し直したりする様子が見られました。

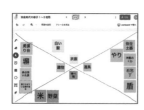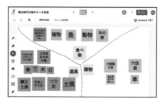

子どもが整理した情報

　また，その後は他のグループと交流することで，見つけられなかった情報や分類の意図について，比較することができました。その際も他のグループの分類がすぐ参照できることは，交流を活性化させることに有効に作用します。グループでの交流が終わった後には，結論を見いだす活動が行われます。

そこで，前の授業で活用した縄文時代の様子をまとめたものと比較します。食べ物に着目して話し合いを行ったグループは，縄文時代の食べ物は，獣や魚，木の実など，とれない日があるもので，弥生時代は田畑でとれる作物を食べていることに気づきました。

　重要とされるものが，「狩りの腕」「木の実を見つける力」だったのが，弥生時代になると米づくりの技術や，適した土地が重要になることにまで言及することができました。食べ物に関連して，縄文時代の「生活のための道具」から弥生時代の「争いのための道具」という変化にも容易に気づくことができました。

　Google Jamboard に残された分類の足跡は，いつでも，誰でもアクセスすることができます。他の班の分類したものも根拠にしながら，自信をもって話し合いを進めることができました。そのようなツールに支えられて，子どもは見方・考え方を働かせながら知識を活用し，新たな知識を獲得することができるのです。

　授業の終末には，振り返りを行います。本時の学習で学んだこと，大切だと思ったこと，感想など場面に応じて様々なことを書くかと思います。

　筆者の場合，授業冒頭に Google Classroom で示したゴールを意識して学んだことを記述するようにしています。しかし，書くのが上手な子ども，苦手な子どもが出てきます。そこで筆者はスプレッドシートを活用し，他の子どもが入力している内容を参照できるようにしました。

スプレッドシートに書き込まれた振り返り

　そうすることで，上手な書き方をしている子どもを見つけやすくなりますし，うまく書けない子どもも上手な子どもの書き方を真似することができます。それにより，圧倒的に振り返りの文章を書くことが苦手な子どもが減ったように思います。

③　6年国語科「『鳥獣戯画』を読む／日本文化を発信しよう」(光村図書)

　本単元は，説明文「『鳥獣戯画』を読む」で習得した内容を生かして，次単元で日本文化を紹介するパンフレットを書く活動を行います。

　単元冒頭では，以下のようなスライドを Google Classroom に掲載しました。

　まず，パフォーマンス課題です。博物館の館長が，特別展のためのパンフレットを作成するという場面を想定しました。子どもは，立場と相手意識をもって学習活動に取り組めるようになります。

課題

　みなさんは藤山台文化博物館の所長です。11月下旬から「日本文化のすばらしさ」という特別展を開催することになりました。たくさんの小学生に来てもらいたいので、事前に小学校高学年の児童に配付するパンフレットを作成することになりました。

　表現の工夫を「『鳥獣戯画』を読む」の筆者である高畑勲さんから学びます。そして、読み手が日本文化の魅力を感じ、特別展に行きたくなるようなパンフレットを作成しましょう。

子どもに示したパフォーマンス課題

　次に、同時にパンフレットを評価するためのルーブリックの枠を示します。そうすることで、どのようなポイントを「『鳥獣戯画』を読む」の場面で習得する必要があるのかを明確にすることができます。

パンフレットのルーブリック

	S	A	B	C
内容面（主張と事例とのつながり）				
表現面①（文章）				
表現面②（資料とのつながり）				

子どもに示したルーブリックの枠

　この段階では、成果物を作成し、ルーブリックをもとに成果物を相互評価して推敲するという単元を２回程度経験しています。そのため、「『鳥獣戯画』を読む」の読み取りを終えた後に、ルーブリックをクラス全体で作成します。

　子どもがルーブリックに取り入れたいと言ったことは、

これまでの国語の授業でも取り上げてきた，「内容面（主張と事例とのつながり）」「表現面①　文章（のわかりやすさ）」でした。それに加えて，本単元で重視されるのは図中の表の3行目「表現面②（資料とのつながり）」であることも子どもが指摘しました。これまで学習してきたことに積み重ねる形で，新たな内容を習得していく様子が見られました。積み重ねを可視化して，共有できることによって，このような活動ができるのです。

パンフレットのルーブリック				
内容面（主張と事例とのつながり）	すべての部分で，主張のつながりが意識されており，内容がよく伝わってきた	半分ほどの部分で，主張のつながりが意識されており，内容が伝わってきた	主張が何かを意識して，パンフレットが作られていた	主張が何かわからない
表現面①（文章）	わかりにくい文章が1程度であり，高畑さんの表現の工夫を2回以上用いていた	わかりにくい文章が1程度であり，高畑さんの表現の工夫を1回は用いて読者を引きつけようとしていた	わかりにくい文章（、や。の使い方，主題と述語，一文の長さ）が3程度あった	文章が長かったり，わかりにくい文章が5以上あった
表現面②（資料とのつながり）	ほとんどの部分で，文字と資料が関連しており，効果的に内容を伝えていた	ほとんどの部分で，文字と資料が関連してしており，出典や引用が丁寧に行われていた	文字と資料が関連している部分が1つはあった	文字と資料が関連している部分が1つもなかった

子どもと作成したルーブリック

パンフレットを作成する活動に入ります。子どもそれぞれの興味・関心に応じてグループをつくらせました。必要な情報を集め，整理して自分たちの主張を決

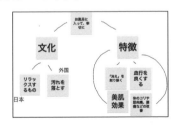

子どもの整理した情報

め，グループごとにスライド一枚に表現しました。集めた情報を整理する際には，先生が指示しなくとも Google Jamboard に整理する様子が見られました。

子どもが情報を整理する様子

　この頃は，成果物をつくり，何かを主張するには「構造化する」ことを学んでいたため，自分たちの主張をこのように組み立てることができるようになっていました。もちろん，この単元でも違うグループと構造化したものを共有して，交流するという活動が自然に行われました。

子どもの作成したパンフレット（前）

　子どもはルーブリックを意識しながらも，作成することに必死になってしまっていました。絵は入れられているけ

れども，出典がなかったり，「『鳥獣戯画』を読む」で習得した筆者の書き方の工夫などが入っていなかったりしました。

　スライドのコメント機能を用いて，子ども同士の相互評価を行いました。ルーブリックに関する内容や，それ以外のコメントのやり取りによって，子どもが自分たちで成果物の質を高めることができました。これまでも他者の成果物

子どものコメント

を読み，評価し合うという活動が行われてきましたが，クラウド活動によって共有がよりスムーズになり，高い頻度で質を高め合う活動ができるようになりました。

　下のグループのパンフレットでは，出典が書き加えられたり，語尾を常体にしたりすることで読者に訴えかけようとする工夫が見られるようになりました。

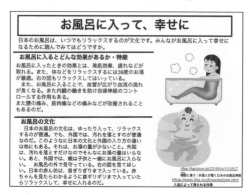

子どもの作成したパンフレット

このように，情報を集め，整理・分析し，まとめて表現するという学習サイクルの繰り返しを行っています。そうすることで，学習サイクルを子どもが習得し，家庭でもそのサイクルを意識して「自分で学び続けること」ができるようになってほしいと思っています。

　その実現には1人1台タブレットとクラウドは必須のものになっています。学習内容を共有するだけでなく，活動するための方法を共有することができるので，上手な子どものやり方がとても簡単に広まっていきます。

3．休み時間・すきま時間

　休み時間や給食準備中などの時間こそ，子どもの個別のスキルを伸ばす時間，子どもが個別にやりたいことに取り組むことのできる時間です。

　特に，キーボード入力スキルを身につけることは必須です。早く身につければつけるほど，活用できる場面が増えることは間違いありません。キーボー島アドベンチャー

キーボー島アドベンチャー（スズキ教育ソフト株式会社）の練習画面

というサイトを活用して，1つでも級をあげようと取り組んでいます。指の位置などもしっかり練習できます。

　また，学級での当番活動や委員会活動など，様々な役割

を決めることがありますが，それらのデータもスプレッドシートで作成させておくと非常に便利です。

次の図は学期の当番の役割を入力している様子です。こういった活動も積極的に子どもに任せています。

	種類	当番名	仕事
1		日付・日直	帰り、背面黒板に、次の日の日付と日直を書く。
2		ict機器・デジタル教科書	見えるもんとプロジェクターの電源を入れる　その日の授業の教科書を用意する
3	保健	健康観察	健康観察、清潔チェック
4		清潔チェック	健康観察、清潔チェック
5	連絡		連絡ボックスを確認する（欠席者手紙）
6		欠席連絡カード	連絡ボックスを確認する（欠席者手紙）
7			後ろの掲示（欠席者手紙）
8		クラスルーム更新	明後日の連絡板を更新する
9		整理整頓	整理整頓呼びかけ

当番活動を入力するためのスプレッドシート

学級や学年での仕事だけでなく，遊びやクラスを楽しませる活動でも積極的に活用しています。学級新聞を発行するためにスライドを活用したり，ダンスの練習をするために動画を流したり，学級レクの連絡のためにチャットを活用したり…と子どもがこれまでやりたかったけれども，や

子どもの作成した新聞

れなかったことをどんどん実現しています。

このように活用することを積極的に認めることで，自然とスキルが身につき，授業でもスムーズに活用できるようになっています。

4．家に帰ってから

　学校生活全般で活用を進めることと同時に，家庭での活用も行っています。特に導入期に行ったことが，家庭でNHK for SchoolやYouTube上の動画を視聴してくるという活用の仕方です。視聴してわかったことをGoogle Jamboardに羅列してくるということも行いました。

　ある子どもは，自分の考えまで構造化して学習に望んでいました。授業で視聴する時間が短縮されることで，話し合う時間を充実させることができました。

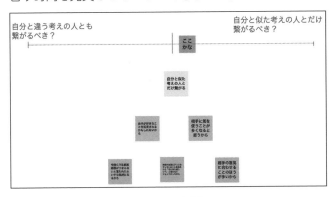

子どもの家庭学習

　次に多かった活用は，宿題やわからないことについて連絡を取り合うことです。子どもはチャットで連絡を取り合うだけでなく，Google Meetを用いて会話しながら宿題を進めていました。

　これは，私たちがスマートフォンで連絡を取り合うことと同じです。ある子どもは，「これまで家に帰ってからの

勉強でわからなくなると，そこでやる気がなくなってしまった。けどチャットでみんなに質問できて安心できるようになった」と言いました。

また，子どもにとっての効果もありますが，PCを持ち帰

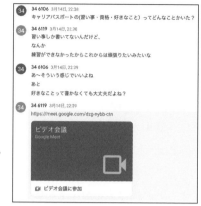

子どもが連絡を取り合う様子

ることによって，保護者が学校での学びを見ることができるというメリットがあります。どのような課題が出て，どのような指導が行われているのかを保護者とも共有できるようになります。ある保護者は，「こんなことまできちんと指導してもらっていることがわかって安心できた」とおっしゃっていました。

ここまで示してきたように，生活全体で1人1台タブレットとクラウドを活用することによって，子どもの学びがより充実することは間違いありません。まずは大人がスマートフォンを活用している場面を思い出すことが大切です。仕事や生活でフル活用していることがわかるはずです。

そのように子どもにも使わせましょう。そして子どもに使わせるときには，「使わせてみて，何かあったら子どもと相談しながら考えよう」程度のマインドで臨むことが大切です。

Chapter4

質の高い実践を
普及・定着させよう

1

まずは感覚をつかもう

　まずは先生が使ってみて，ICT 活用に関する感覚をつか
むことが重要です。持続可能な ICT 活用とは，それぞれ
の先生が楽で便利と認めた ICT 活用です。

持続可能で，効果的な ICT 活用とは

　過去の拡大提示の ICT 活用から振り返ります。

　写真は，絵の具とパレ
ットを拡大提示したもの
です。当初，色の混ぜ方
や筆の使い方を教えるの
かなと思ったものですが，
先生は，子どもに絵の具
を出す量を伝えるために

絵の具を出す量を示す

拡大提示したのでした。子どもに少しだけ絵の具を出すよ
うにいえば驚くほど少量ですし，もう少しと言えばあふれ
んばかり出す，だからこそ，実物投影機で伝えたいと思っ
たのでしょう。機器が常設されていたから，つまり，日常
的に活用しているから辿り着ける活用法です。こうした地

味で素朴だけども，効果的で日常的な ICT 活用に辿り着くには，一般に言われることと逆説的な取組が必要です。「歴史は繰り返す」ですので，改めて確認したいと思います。

活用すべきかすべきでないかは考えない

　よく教職研修などでアドバイスされるのは，授業において，ICT を活用すべきか，すべきでないかの見極めが重要であるという点です。正直，ほとんど意味がないアドバイスだと思います。道具になっていれば，感覚的にわかるはずです。多くの先生は車を日常的に使いますが，使うべきか，使わないべきか，を考えてから使いますか？

　そんなことを考えずに，必要に応じて当たり前に使うと思います。専門家から，このようなアドバイスを受けたらどう感じますか？　車を使ったことがない専門家のアドバイスだなと思うのではないでしょうか。

　当たり前に授業で ICT を活用している先生は感覚的に身につけています。こうした感覚をつかむためには，まずは，一見，無駄だと感じることも含めて，たくさん先生自身が体験していくことが重要となります。

「らしい」「ならでは」の活用は考えない

　よく ICT らしい活用方法を検討したいとか，ICT なら

ではの活用方法を探したいとおっしゃる先生がいます。

　以前に，教科書などを大きく映す ICT 活用をおすすめしたときにも，現場の先生のお叱りを受けました。「あなたは ICT 活用の専門家なのだから，もっと ICT らしい活用方法を説明してほしい」「それは大型コピー機でもできる実践であり，ICT ならではでない」等々。

　そこで筆者が「大きく子どもに提示する効果は一緒ですから，先生は大型コピー機でやったらいいと思います」と返答すると「あなたは現場の厳しさがわかっていない。コピーする時間も費用もないのだ」と。だからこそ「臨機応変にカラーで拡大提示できる方法をお話ししたのです」とお伝えしました。今では多くの先生方が当たり前に教科書を拡大提示しますので，まさに笑い話ですが，初期段階では，なかなか理解されないことでした。

　先生が楽で便利だと思う，続けたいと思う ICT 活用が正しいのです。その活用に対して「ICT でなくてもできる」とか「ICT ならではでない」というつまらない指摘に耳を貸す必要はありません。活用し続けた人にだけわかる，言葉だけでの説明ではわかりにくいところに，毎日続けられる活用があります。

　結果的に，それが ICT らしい活用なのです。また，ICT 活用法に絶対的な正解はありません。ICT 活用とは個人の考え方や指導スタイルに依存します。あなたの ICT 活用法を確立することが大切になります。

持続可能な ICT 活用とは，わずかな違いである

　長年，ICT 活用を研究している身から考えますと，数年に一度，新しい技術やテーマの教育利用が話題になります。この印象が強い先生の中には，今回の GIGA スクール構想も「またか」と思われる方が多いと思います。

　つまり，どうせ「またすたれる」という思いもおもちでしょう。実は，筆者も常々そう思っていますので，そうならないように活動してきました。

　ずっと続く ICT 活用とそうでない ICT 活用は，先の拡大提示の例のように，同じ拡大提示でもわずかなところに差があります。経験が不足している段階では，言葉で理解することは困難ですので，感覚が重要になってくるのです。感覚をつかむためには，日常生活や校務でも活用してみることが大切になります。

　おそらく授業そのもの，資質・能力の育成そのものへの ICT 活用よりも，まずはプリントの配付，連絡，学習記録の蓄積や参照などに便利さをお感じになると思います。それも，立派な活用です。

　試しに，使ってみる。よかったら，続けてみる。駄目だと思ったら，やめてみる。くらいの気持ちで続けてみましょう。子どもたちの未来は，ICT 活用も含めて能力が評価される世界です。入試のように紙と鉛筆だけではありません。だからこそ，ICT 活用の感覚から伝えていく必要があります。

2
資質・能力をイメージで捉えよう

　授業で ICT を活用して資質・能力をはぐくむ際は，そのイメージをもつことが重要となります。ここでは，資質・能力と，その育成のポイントをまとめます。

資質・能力のイメージ

　改めて資質・能力をイメージとして確認しましょう。もちろん，あくまでも筆者のイメージですので，同意したり，反論したりして，自分なりのイメージをつかむことが重要です。

　資質・能力の３つの柱は，
・知識及び技能
・思考力，判断力，表現力等
・学びに向かう力，人間性等
です。これらのイメージを図にしました（次頁）。

　まずベースになるのは，何と言っても学びに向かう力・人間性等です。これは教科等の学習のみならず，学級や学校の活動，地域や家庭など，あらゆる活動を通して中長期的にはぐくまれていく資質・能力と言えます。

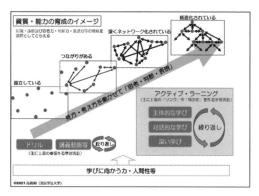

資質・能力の育成のイメージ

　次に，知識・技能及び思考力・判断力・表現力等の育成ですが，これは連続として捉えることがポイントと言えます。単純に両者を区別することができませんので，図では，個別の点々から，ネットワーク化された点，構造化された点と，連続的に示しています。

　両者の関係を挨拶に例えると，時刻に応じた挨拶の言葉を知っているとか，挨拶ができることは知識・技能と考えます。ただ，この「できる」がミソです。大人に指示されたり，促されたりしてできる場合は知識・技能側と考えます。一方で，誰からも促されることなく自ら時刻や状況を認知したり，判断したりして，挨拶ができるような場合を思考力・判断力・表現力等側と考えます。

　挨拶の種類をたくさん知っていることと，それらを状況に応じて発揮できることには，大きな差があると言えます。学校での挨拶指導を思えば，校門での指導，朝の会や帰りの会，授業中などあらゆる場面で繰り返されます。挨拶の

ような基本でも，本当に苦労の連続です。これはそのまま，思考力・判断力・表現力等の指導の難しさと言えます。

　新学習指導要領について，「何を知っているか」はもちろん「何ができるようになるのか」が重要という説明は何度も聞いたことがあると思いますが，挨拶に例えれば上記のようになるでしょう。しかし，学習指導要領が想定しているのは挨拶といったレベルよりもいっそう高次ですので，今回はあくまでも単純にイメージした例です。

資質・能力の育成

　個別の知識，つまり孤立した点を指導していく場合は，短期の繰り返しといった習得的な指導法が有効です。さらに，少しつながりをもたせるために，既習事項や生活体験などと関連づけて教える先生も多くいらっしゃるでしょう。客観テストや入試など，多くのペーパーテストはこのあたりまでが問われますので，学習のゴールと思っている子どもも多くいます。

　しかし，学習指導要領で目指しているのは，さらにずっと先です。複雑にネットワーク化されたり，そのネットワークが階層化，構造化されたりしているような状態を目指す必要があります。ネットワークをつくるためには，見方・考え方を働かせながら，思考したり，判断したり，表現したりする学習活動を繰り返す必要があります。その際の学習活動の特徴を捉えるならば，主体的・対話的で深い

学びになります。また，何度も繰り返さないとはぐくまれないことも自明です。単純な繰り返しと異なり，複数の学習活動を組み合わせた大きな繰り返しになります。となると，ある程度のパターンが必要となります。パターンで繰り返し，徐々にパターンの難易度を上げていくことで成長していくのです。このパターンこそ，学習指導要領解説で言われる学習過程となります。

　お気づきかとは思いますが，構造化したレベルまで，学校教育の時間内ではぐくむのは困難です。また，学校を卒業した後にも次々と新しい学習が求められます。学習指導要領解説　総則編にもある「生涯にわたって能動的に学び続ける」子どもをはぐくむ必要があります。そこで学習過程といった「学び方」の指導が重要となります。

　もう１つ，重要な考え方は，何事も相互の関係になっているということです。孤立した点をしっかり指導した後に，ネットワークをつくっていくという考え方もありますが，一般には行ったり来たりするのだと思います。バスケットの練習に例えれば，ドリブルやシュートの練習も大事だけれども，試合をしてみることも大事です。そして，定期的に交流試合，反省，練習などのパターンを繰り返すことで強くなっていきます。

　こうしたパターンでの繰り返しが学習過程に相当しています。意図的に，行ったり来たりのパターンをつくって指導する。そして最終的には，子どもは自分自身で計画する。これによって，１人でできる子どもをはぐくみます。

3

資質・能力の育成での
ICT を知ろう

　資質・能力の育成と ICT 活用の関係について説明します。大きく分けると３種類の ICT 活用に分類できますが，最初にすべき活用は，資質・能力の育成に間接的に寄与する ICT 活用になります。

３種類の ICT 活用

　次頁の図は資質・能力の育成と ICT 活用をまとめました。縦軸に，資質・能力の高まりを示します。個別の知識が徐々にネットワーク化され構造化されるイメージですが，簡略化して「個別の知識」「高次な資質・能力」の２つにします。横軸に，学習活動の複雑さを示します。「反復・習得学習」「主体的・対話的で深い学び」の２つを置きます。

　個別の知識を習得するためには，動画や AI ドリルなどの ICT 活用が有効です。つまりＡの領域です。

　高次な資質・能力をはぐくむため，つまりはネットワーク化のためには主体的・対話的で深い学びが欠かせません。つまりＢの領域です。この際，複合的で総合的な学習活動

が繰り返し行われますので，ICT は支援的な役割になります。つまり，ICT 単独で思考力・判断力・表現力等の育成は困難です。また，当初見過ごされることが多いものの，結局最も活用されるのがCの領域です。情報共有や資料配付など資質・能力の育成に間接的に寄与する ICT 活用です。子どもも，先生も行う ICT 活用です。

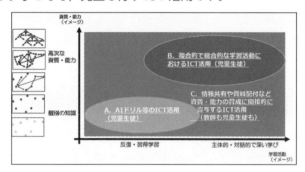

資質・能力の育成と ICT 活用のイメージ

まずはC領域の活用から

授業で ICT 活用と考えると，つい資質・能力の育成と考えがちですが，実は，C領域の情報共有や資料配付から始めるのがベストです。授業の資料を，

PC で資料を閲覧

Google Classroom や Microsoft Teams などで共有してみましょう。印刷する手間が省けて，直前でも資料が差

し替えられたり，過去の資料を参照できたりする便利さを感じられるでしょう。特に，資料がカラーで配付できたり，子どもがそれぞれ見やすい拡大率で，手元で見られたりするのが便利です。不要な部分を除いて，子どもに閲覧させたい部分だけを切り取って共有します。

　こうした活用は，先生の指示，説明，発問の質を向上させる活用ともいえ，実物投影機の MAX 拡大と呼ばれる拡大提示の延長上にある活用と言えるでしょう。

情報共有では

　情報共有として，連絡帳の代わりに Google Classroom や Microsoft Teams を用いているケースが多く見られます。学級通信などの配付や蓄積にも使われています。授業では，本時の目標，学習内容，学習の流れ，宿題などを書いておくこともよく行われています。授業の最後に行う振り返りも，時間不足になりがちです。集める時間もないこともあります。表計算ソフトの協働編集で書かせるようにしておけば，休み時間や家庭でも続きができますし，先生もいつでも把握できます。

　持ち帰り PC が話題になります。持ち帰って何をしようかとか，必要がないとか，そうではなく，スマートフォンのように日常の連絡や情報共有ツールとして活用したいから，結果として持ち帰りが行われています。家庭から個人や保護者スマートフォンでも見られることを許可してい

る地域もあります。

教科書も，ノートも，PC も活用する

日常的に PC を活用している授業では，教科書も，ノートも，PC も活用します。すべてが置き換わることはありません。ディスプレイに提示された挿絵を見て気がついたことをノートに書いたりします。

これまで，教科書は読んだり見たりすること，ノートは書くことが多くありました。もちろん，ドリルのように書き込み式のものもありますが，このような機能分化が一般的であれば，PC も読んだり書いたりすることを同時に行わず，読むだけ，書くだけなどに限定する方が，最初は使いやすいと思います。このとき，最も楽で便利なのは，共有された資料を見て，それを教科書や資料集代わりにして，ノートに書いていくような学習となります。わざわざ配信する必要もありません。いつも Google Classroom や Microsoft Teams などで置き場所を決めておけば，子どもが見るようになります。こうした ICT 活用に慣れて，

欠かせなくなると，いよいよ資質・能力の育成のための ICT 活用が行いやすくなります。

教科書も，ノートも使う

4

個別の知識の習得を知ろう

個別の知識などを習得するためには，どのような指導法があるのか。基礎的な理論と ICT 活用法の現状をお伝えします。

個別の知識の習得と ICT 活用

資質・能力のうち，個別の知識あるいは少しネットワーク化された知識や技能は，いわゆる繰り返しの学習によって習得されます。漢字や計算，器具などの名称や地名などです。

思考力等に比較すれば短期に身につきますので，本時内で学んだ成果を評価しやすく，誰が採点しても正誤がはっきりしていて客観的な評価が可能であるといった特徴があります。このような特徴から，ICT を活用した個別の知識や技能の習得のために，ドリル学習が行われます。

これらは，

・正誤をすぐに学習者に返す即時フィードバック
・徐々に難易度を上げて習得していくスモールステップの
　原則

・一人ひとりのペースで完全に学習目標をクリアして進ん
　でいく完全習得学習

といった古典的な理論に加えて，AI分析による得意不得
意の診断や出題を組み合わせたサービスが有名です。

　また，講師が動画によって説明をする学習も普及しつつ
あります。同じ単元を様々な講師が説明しています。圧倒
的に子どもを引きつける動画から，あまりよくわからない
と感じる動画まで，あらゆる動画が混在しています。

　しかし，最近では，子どもが「いいね」をした評価の高
い動画が，上位にあふれ出しており，まさに量が質を保障
する状態と言えます。また，子どもによって好みの講師が
いますので，自分の好みの講師の説明が聞けることも，選
択肢の少ない学校での学習よりもよいという子どももいま
す。

　このように従来であれば，家庭学習で使われるような教
材を学校で購入し，活用が始まっている地域があります。

漢字の学習とICT活用

　アウトプットと同じ方法で学習を行う方が効果的です。
例えば，朗読が最終の成果であれば，黙読の練習だけでは
不十分で，最後には朗読の練習が必要です。

　このように考えると，現状，子どもたちの世界での重要
なアウトプットの方法の1つは筆記をすることです。タブ
レット画面だけでの学習では不十分と考えられます。

漢字の学習は，「読み」「意味」「字形」「筆順」「熟語や短文」など様々です。このうち，何を，あるいはどの学習ステップをタブレットでの学習に置き換えると効果的かと考えていく必要があります。

　また，正誤の判定や弱点の分析はPCが自動的にやれば便利で楽ですが，自ら学ぶ「学び方も学ぶ」と考えれば，それらも自分が行えるようにすべきだという考えもあります。そこで例えば，次のようにPCとノートを混ぜた漢字練習を提案している教材会社もあります。

① 漢字の書き取りをPC画面に出題する。
② 子どもはノートに鉛筆で回答する。
③ 次のPC画面で正答を見て採点する。
④ 間違えた漢字をPCに入力する。
⑤ 子どもや先生が正誤から振り返る。

記憶と発達段階

　PCを活用した習得は，まだまだ試行錯誤が続いていますので，関係する理論的なことをご紹介します。

　低学年では発達段階として文脈を無視して丸暗記が可能ですが，しばらくすると忘却してしまう特徴があります。例えばバス停などすべて暗唱して大人を驚かせる子どももいますが，しばらく使っていないとまったく忘れてしまうなどです。

反対に，高学年になると徐々に同様の学習法が通用しなくなり，何かと関連づけながら覚えていく方が効率がよくなっていきます。

　問題は，低学年のときの丸暗記の成功体験が，中学や高校になっても続くことです。中学生が「ひたすら丸暗記」といった学習法を披露することがありますが，発達段階から見れば辛いはずです。学習の際に，意味のある関連づけを行ったり，納得や理解をしたりすることが重要です。

　特に高学年では関連づけ，すなわちネットワーク化を意識しながら，ICT による学習でも行えるかがポイントとなります。

接続知識の重要性

　ネットワーク化の際の実線というより点線くらいの存在に接続知識があります。

　例えば，信号機の色の順番を覚える際に，赤が最も見やすい位置にあるといったことです。これにより横置きの信号であれば道路の中央側，縦置きの信号であれば上部に赤があると丸暗記しなくても記憶しやすくなります。接続知識とその活用によって，苦しい丸暗記から解放されやすくなるうえに，テストが終わってもずっと残る知識になりやすくなります。

個別化を目指す

　子どもそれぞれに特性がありますので，学習の個別化を目指すのは，この数十年間の願いでもあります。一方で，個別化によって子どもごとに異なる問題や動画が次々とPC画面に表示されます。担任の先生がすべてを把握できるわけではありません。先生が知らない問題や動画で子どもが学ぶことを，先生が指示することに違和感をもつケースが見られます。

　また，間違えた問題を中心に出題する苦手克服が望ましいと言われていますが，苦手克服は，勉強が得意で，苦手なことが少ない子どもの学習法かもしれません。苦手なことが多い子どもには，あえて得意なことを勉強させて自信をつけさせるのも先生の技と言えます。

　試行錯誤が続きますが，これまでの先生の技を活かして，子どもの特性にいっそう応じていくことが重要でしょう。

5

高次な資質・能力の育成
を知ろう

　高次な資質・能力をはぐくむためにはどのような指導法があるのか。基礎的な考え方と ICT 活用法の現状をお伝えします。

高次な資質・能力の特徴

　思考力・判断力・表現力等のような高次な資質・能力は，正誤がはっきりしていたり，何か目標に到達したりするタイプの資質・能力ではないことはご存じの通りです。いわゆる向上目標であり，目標に向かって前進したかどうか，過去の自分よりも目標に近づいたかどうかによって評価される性質のものと言えます。

　本時など短い時間幅での評価は不可能で，学期や学年くらいの時間幅で成長を見取ります。その際には，暗記のような特定の学習活動ではなく，複合的で総合的な学習活動を繰り返し行います。

　ICT の役割は，それぞれの学習活動の支援になるでしょう。個別の知識であれば，ICT 活用そのものが寄与しやすいですが，高次な資質・能力はそう単純でなく，複合的で

総合的な学習活動の繰り返しを支援すると考えるのが自然
と言えます。

　2010年から数年間，GIGAスクール構想と同様に，子
どもの人数分のPCを用意した実証が行われていました。
フューチャースクールとか学びのイノベーション事業とい
われたものです。ここで行われていた118件の事例を高橋
純研究室がKJ法を援用して集約した結果を次頁の表に示
します。

・情報の収集

・整理・分析

・まとめ

・発表

・習得・反復

の５つに分けられました。

　このうち「習得・反復」を除く４つが，まさに高次な資
質・能力を育成するために欠かせないICTを活用した学
習活動と考えられます。

学習活動	具体的な学習活動	件数
情報の収集 30件	資料を読み取る	11
	観察する	8
	インターネットで調査する	6
	ビデオを視聴する	5
整理・分析 18件	比較する	7
	分類する	5
	関連づける	4
	多面的に見る	2
まとめ 18件	デジタルノートにまとめる	4
	ワークシートにまとめる	4
	絵を描く	4
	プレゼンテーションを作成する	3
	デジタルポスターにまとめる	2
	音楽を作成する	1
発表 31件	ワークシートを見せて発表する	12
	画面を見せて発表する	9
	プレゼンテーションをする	4
	デジタルノートを見せて発表する	2
	テレビ会議をする	2
	デジタルポスターを見せて発表する	2
習得・反復 21件	反復練習をする	10
	問題を解く	8
	フラッシュ型教材に取り組む	3

1人1台タブレットを活用した学習活動の分類

学習活動を ICT で支援するとは

　例えば，PC を活用した「情報の収集」であれば，インターネットにある最新でリアリティのある情報のみならず，先生から配付された図・写真などからの情報の収集にも活用されます。従来の授業においても，こうした図・写真の配付は，先生がプリントして配付するなどされてきました。

　しかし，PC があると，あらかじめ印刷室で白黒プリントを印刷するといった準備がなくとも，カラーの資料を臨機応変に子どもと共有できます。こうしたことが，PC を活用した学習活動のメリットであると先生が感じています。

　つまり，PC によってまったく別の学習活動が生み出されるというより，従来と同様の意図であり，PC によって，その質や利便性を向上させようとしていたと考えるのです。「情報の収集」を例にすれば，右上の図のようにイメージできます。

情報の収集

資料を読み取るといった「情報の収集」の学習活動の質や利便性の向上のためにPCを活用するイメージ

ICT で学習活動の質を上げる

協働学習や学習形態の工夫とは何か

　多くの事例を整理していくと，「教育の情報化に関する手引」などに示されている「協働学習」「個別学習」「一斉学習」では分類が困難であると感じます。

　例えば，一口に「協働学習」といっても，クラス全体でも，グループでも，ペアによる活動でも協働学習と称する

例があるなど，分類項目として採用することができません。

　そこで「情報の収集＋ペア」「整理・分析＋グループ」のように，各学習活動に，ペアやグループ等の学習形態を加えることで分類しやすくなります。このように考えれば，授業設計時は，「情報の収集」「整理・分析」「まとめ」「発表」といった学習活動をいっそう充実させるために，「一斉」「グループ」「ペア」「個別」といった学習形態を適切に組み合わせていると考えられ，こうした方が PC を活用した授業の特徴をつかみやすく，授業設計時などにもいっそう効果的と考えられます。

　「情報の収集」を例とした図に，学習形態の工夫を加えるならば，右図のようにイメージできます。

「情報の収集」の学習活動の質の向上のための PC 活用に加え，学習形態の工夫を加えるイメージ

　こうした学習活動を意図的に，計画的に繰り返していくことで高次な資質・能力が育成されると考えます。

6

学習過程と見方・考え方
を知ろう

　高次な資質・能力の育成には，学習過程による繰り返し
と，見方・考え方による質の高い学習活動が重要です。

学習過程による繰り返し

　高次な資質・能力は，一連の学習活動の意図的で計画的
な繰り返しによってはぐくまれます。この一連の学習活動
は「学習過程」と呼ばれます。

　学習指導要領解説では，各教科等において，複数の学習
過程が示されています。どれも納得の学習過程ではありま
すが，各教科等で複数あるとなると，それらを使えるよう
になったり，使いこなしたりするのは大変です。便利そう
だけども使いこなすのが大変なアーミーナイフのようです。

　そこで，基本となる学習過程を定め，それを拡張したり
発展したりしていくのがよいと思っています。その基本と
なる学習過程は皆さんもご存じの「探究的な学習の過程」
と呼ばれるものです。探究というと，数十時間の単元の学
習過程と思うかもしれませんが，数分や数時間の問題解決
にも使える汎用的な考え方であり，まさに問題解決過程と

言えます。学習以外の様々な生活場面でも活用できます。

　例えば，水筒を買おうと思います（課題の設定）。

　ネットで買うならば，それぞれの水筒の特徴や口コミを調べたりします（情報の収集）。

　それらを比較したり表にまとめたりします（整理・分析）。

　そして，買うものを選びます（まとめ・表現）。

　日常生活のあらゆる場面で活用できるプロセス（学習過程）ですので，いつでも意識してみると，学習過程の重要性に気がつきやすいと思います。

学習過程の質の向上のための ICT 活用

　「探究的な学習の過程」の学習活動と，先にお示ししたフューチャースクールにおける実践事例の分析結果はとても似ています。最後の「まとめ・表現」が，「まとめ」「発表」となっていますが，ほとんど同じ意味と言えるでしょう。

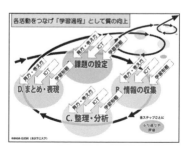

学習過程の繰り返しと ICT 活用など

ICTを活用したそれぞれの学習活動を，学習過程として位置づけて繰り返していく。それらの各ステップ（学習活動）を，ICT活用や学習形態の工夫によって質を高めていく。そんなイメージで，高次な資質・能力をはぐくんでいくこととなります。

見方・考え方も加えて質の向上

前頁の図には見方・考え方が，ICTや学習形態と並んであります。見方・考え方は，新学習指導要領の各教科等の目標の冒頭に書かれていたりと，深い学びの実現に重要な概念です。

ただ，学習指導要領では，各教科等の本質であるとか，各教科等のイメージが強いと思います。もし，自分が見方・考え方について充分な理解ができていないと思われるなら，これも学習過程と同様に汎用的な見方・考え方から発展させて，各教科等において具体的に考えた方が，心から見方・考え方の重要性に気がつきやすいと思います。

汎用的な見方・考え方とは，例えば，「比較」が挙げられます。分類する際も関連づける際も「比較」は欠かせませんし，多くの教科等に示される固有の見方・考え方も，比較をベースにするとわかりやすいと思います。

見方・考え方を駆使することで，思いつきで思考するのではなく，整理されて漏れや抜けも少なく，深く思考しやすくなります。

例えば，東京都の特徴を明らかにする際の「情報の収集」段階では，思いつきで資料を収集するより，ニューヨークやロンドンなどと比較しながら収集することで，深まりやすいでしょう。

単元・授業過程と学習過程

学習過程は，単元や授業の流れ，すなわち単元・授業過程と別に考えた方がわかりやすいと言えます。

基本的に，思考力・判断力・表現力等の育成における学習目標は，子ども一人ひとりの課題意識に基づきますので，一定程度，個別に設定されると言えます。子ども自身の活動の道筋として学習過程があり，それらを先生が授業として仕組んでいく単元・授業過程があります。

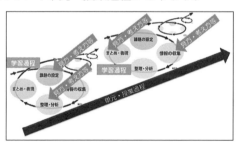

単元・授業過程と学習過程

授業の1コマで見れば，何周も学習過程が回ることがあるかもしれませんし，課題の設定のみで終わってしまうこともあるでしょう。授業づくりの柔軟性と質の向上のために，両者を分けてみましょう。

7

学習の個別化・個性化
を意識しよう

　ここでは，GIGA スクール構想により1人1台タブレットが整備されることによって実現可能となる「個別最適な学び」とは何かを解説します。

今までも当たり前にやってきた個別化・個性化

　GIGA スクール構想で1人1台タブレットの整備がされる中で，「個別最適化」という言葉を聞くことが増えてきました。子どもたちがそれぞれの PC でドリルにログインして学習に取り組むと，コンピュータは何ができて何ができなかったかを判断をします。

　そして，「ここまではできたけど，ここはこれこれが苦手だったね」「だからAとDとEを復習するといいですね」というように，次に取り組むべき学習や課題をレコメンド（おすすめ，個別のアドバイス）してくれる，という AI ドリルも登場しつつあります。

　このように見ていくと，「え？　そんなこと，今までも学校ではやってきましたよ」と思うかもしれません。私たち先生は，これまでも子どもたち一人ひとりに個別に指導

してきました。名簿に提出物の状況をチェックしたり，点数を転記したりして，誰がどのくらい何をしているのかを勘定しながら，学習場面や生活場面で子どもたちの様子を見ながら，適材適所で指導してきました。ですから，特別新しいものが入ってくる，ということではありません。

　一方で，私たち先生はこれまでも子どもたちの個性を光らせようと指導してきました。

　誰々君はＡが得意だけど，Ｂはそこまで得意ではない，だからもっと強みを高めたい，弱みを克服させたい。

　その中で誰々なら，Ｃの場面で発言させようか，発表させようか，グループはここがいいのではないか。

　このように先生なりに日々の子どもたちの様子や関わりの中で考えて，個性を尊重しながら，指導に取り組んできました。

　ただし，これらは手作業や感覚で行われてきました。このような個別化や個性化の指導や場面の一部は，１人１台タブレットによって，コンピュータが「学習ログ」と呼ばれる膨大なデータ（ビッグデータ）を収集し，分析し，誰がいつ何をしたか，どのくらい達成したかが見えたり，瞬時に数値化されたり，グラフ化されたりします。また，子ども一人ひとりがクラスでは，あるいは全国的にはどの位置にいるのかを把握したりして，学習の様子がリアルタイムで可視化されるようになりつつあります。これが，１人１台タブレットを活用した際の「個別最適化」です。

どこでも，いつでも，誰にでも

　最近，個別最適化という言葉には「誰一人取り残さない」というキーワードが修飾されるようになりました。「誰一人取り残さない」には，不登校の子どもたちや，障害のある子どもたち，外国籍の子どもたちなど，多様な子どもの状況を含んでいます。

　これまでの個別指導は，学校に来ている子どもが対象になることが多かったことと思います。1人1台タブレットを使うということは，様々な事情で学校に来られない子どもたちが，学校以外から勉強しても対応ができますし，日本語を十分に話したり聞いたり書いたりできない子どもたちにも対応が可能になっていきます。

　筆者の研究室を卒業した先生が担任をする学校では，学校便りなどをスペイン語に翻訳する通訳がいると聞きます。きっと，日常の授業でもなかなか伝わらないことがたくさんの場面であると想像することができます。

　しかし，1人1台タブレットが入ったことで，いつでもリアルタイムでコンピュータが翻訳をして伝えることができるようになったと聞きます。ある学校では，不登校の子どもに連絡をしても出てもらえなかったところ，Webで検温と出欠確認を入力するようにしたところ，書き込みをしてくれるようになりました。このように「個別最適化」は，多様性を意識したうえで子どもたち一人ひとりのニーズに応えていこうとするものとも言えます。

学習履歴を読み解き，適材適所で指導する

　1人1台タブレットが入ろうとも，人工知能がいくら最適なレコメンドを子どもたちに提供しようとも，先生の指導という役割に変化はありません。

　例えば，これまでの家庭学習でも何となくはわかりましたが，何時何分にどのくらい何を取り組んだかを正確に把握することはできませんでした。

　コンピュータによる個別最適な学習だと，どのくらい取り組んだのかがわかるので，声かけが変わります。「こんなに頑張って達成したなんて，本当に凄いじゃないか」と褒め方が変わります。

　また，「君はいつも6回くらい繰り返すと課題を達成できているから，あと3回頑張ってみよう。必ずできるようになるから，もう少し頑張ろう！」と具体的な指導ができるようになります。

　また，これまで手作業で膨大な時間がかかっていた採点作業や点数の転記を含む仕事も，大幅な短縮が見込まれます。先生はこうした処理の中で授業を振り返ったり，個別指導に生かしたりしているのも確かですが，これからは，子どもたちのデータをきちんと読み解き，適材適所で指導できる力も必要となってくることでしょう。

8

ICT を活用して
学習評価をしよう

　ここでは，1人1台タブレットがテスト実施に係る負担を軽減し，いかに子どもの学習や先生の業務の効率化に寄与するのかについて解説します。

1人1台タブレットを活用したテスト

　次は，6年生の外国語の授業の導入の写真です。

成績一覧を眺める（提供：宮崎県都城市立南小学校）

担任の先生が，Google Classroom に今日の学習の目標，活動の流れ，教材となるリンクを示しています。

　子どもたちは Google フォームのリンクをクリックすると，簡単な学習の振り返りテストとアンケートのページに行き，それぞれの PC で回答していきます。先生の大型提示装置には，子どもたちの回答がリアルタイムで示されていきます。

　わずか３分程度で子ども全員が回答し終えると，先生は「この円グラフを見ると，前回の授業では○○は多くの人はわかったと回答していました」「でも，××についてはあまりよくわからなかった，と回答した人は□□人いました。小テストでも間違えている人が△△人いますね。では，今日は一度前回の××を振り返ってから，今日の授業に入っていきましょう」と説明をしました。

　先生の目の先を見ると，教師用 PC で子どもたちの成績一覧を眺めて，誰がどのくらいできて，誰はどのくらいできなかったのかを確認し，できなかった問題が多かった子どもの方へ歩いて行き，具体的にどのあたりを理解していないか，会話を通してさらに確認をしている様子でした。

　授業後，先生に「この小テストは何分くらいでつくりましたか？」と聞いたところ「授業前に２分くらいでつくりました。最初は慣れませんでしたけど，毎日使っているとこのくらいの時間でできるようになりました」と答えていました。

　この先生は，１人１台タブレットが導入される前は，コ

ンピュータ室を月に一度使うか使わないか程度でしか，ICT を活用してきませんでした。また，「ICT は得意でしたか？」と聞いたところ，「できるだけ触らないようにしていました」と苦笑いしながら答えていました。

1人1台タブレットを活用しないテストの場合

では，1人1台タブレットがないときはどのようにテストやアンケートをしていたのかも振り返ってみましょう。まず，先生が職員室の教師用コンピュータでテストを作成します。次に，職員室のプリンタでプリントし，その後，印刷室へ移動し，子どもの人数分印刷をします。どんなに早くても10分はかかるでしょう。

授業の時間になったら，子どもたちに列ごとにテスト用紙を配付し，子どもたちは自分の分だけ取って，どんどん後ろに回していきます。テストを取った子どもは名前を書き，テストに回答していきます。回答後は後ろの席から用紙を回収し，先生に手渡します。そして，先生は枚数を数え，パラパラと子どもたちの回答を見て，「2問目，難しかったかなあ。間違えている人多いなあ」などと説明しながら，ほんのわずかの情報を子どもたちに伝え，そして授業に入っていきます。

…放課後になり，委員会活動や校務分掌の仕事を済ませ，ようやく自分の席に着いて，テスト用紙を開いて，採点を始め，点数を名簿に転記していきます。名簿が紙だったら，

さらに PC に入力して，平均点などを求めていきます。
そして次の日の授業で，子どもたちにテストを返却します。

1人1台タブレットでできる働き方改革

　1人1台タブレットを活用したテストと，これまでのテストの様子を比較しました。1人1台タブレットがあることにより，このような小テストやアンケートはリアルタイムで集計され，すぐに子どもたちにフィードバックされ，自分の学習に生かすことができます。

　学習評価はできるだけすぐに行った方が，子どもたちは何がわかって何がわからなかったのかを振り返りやすくなります。すぐに学習評価ができるので，頻度を上げることができ，そのことが学力の向上にもつながっていきます。

　1人1台タブレットを活用することで，発表をリアルタイムで相互評価をしたり，成果物の蓄積も物理的な制約がなくなるため自己評価したりしやすくなっていきます。

　また，1人1台タブレットを活用すれば，先生の負担は大幅に削減することができ，先生の働き方改革にも直接的に寄与できるようになっていくことでしょう。

9

情報活用能力をチェックしよう

　ここでは，1人1台タブレットを活用して育成したい子どもの「情報活用能力」のチェック方法とその活用例について解説します。

情報活用能力という重要な資質・能力

　情報活用能力は1人1台タブレットの活用に欠かせない重要な資質・能力です。適切な指導のためには，子どもの現状を繰り返し把握する必要があります。しかし，正確に測定するのはとても難しく大変です。

　なぜなら，情報活用能力は，問題解決のプロセスにおいて発揮される能力であり，その測定も，問題解決のプロセスの中で行うことが求められるためです。つまり情報活用能力を測定しようと思えば，先生はまず子どもが取り組む問題づくりを行う必要があります。

　1つの問題解決のプロセスから，情報活用能力のすべてを測定することは難しいと考えれば，複数の問題をつくる必要があるでしょう。一度使った問題は再利用しにくいですから，こうした作業を繰り返すことになります。

情報活用能力チェックリストを活用しよう

そこで，情報活用能力そのものを直接測定するのではなく，情報活用能力に関する学習経験の深まりをチェックすることにしましょう。そのために「情報活用能力チェックリスト」[1] を活用してみます。

チェックリストは，子どもを対象とした情報活用能力に関するアンケートです。情報活用能力に関する学習内容に対して，子どもたちが「これはできます」「これはできません」と自己評価した結果を担任の先生がチェックすることで，実践の振り返りや，計画に役立ちます。

チェックリストの内容は，情報活用能力の要素を示した，「情報活用能力の体系表例」[2] を網羅するように開発されています。このため，何度も活用していくうちに，「情報活用能力を育成するとは，どのような内容を指導することなのか」を自然とイメージしやすくなってきます。

現在は，インターネット上で，無料で活用することができます。次のような手順で，活用することができます。

① サイトに登録する。登録フォームは，「東京学芸大学高橋純研究室 HP」上にある[3]。ここから，学校名などの登録を行う。
② 学年・クラスを設定する。
③ LMS（学習管理システム）などを通して子どもにチェックリストを配信する。

④　子どもの結果を見る。

　結果は，児童別，チェック項目別，グラフなど，任意の表示形式で見ることができます。結果はそれぞれ，CSV形式で出力できます。

学期に一度のチェックで指導が変わる

　ここでは，実際に，チェックリストを活用した1事例を紹介します。活用したのは，情報教育が専門の先生ではありません。当該クラスでは，1学期末，2学期末に一度ずつチェックリストを活用しました。

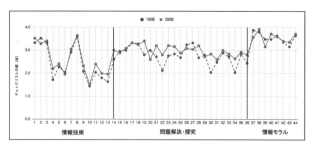

分析結果

　先生は自分が担任する子どもたちのデータから，次の考察をしていました。
・情報技術は指導の差が激しいことがわかった。確かに，ファイル操作（項目4）などは指導していなかった。
・インターネット検索（項目8）は，指導はしていた。だから子どもの自己評価が高いのは納得だが，適切な資料

を探せるかなど，能力の質はまだ課題がある。もっと指導しないといけないと感じた。

・比べたり（項目21），全体と中心をつなげて考えたり（項目22）といったことは，繰り返し意識して指導してきたから，子どもの自己評価も上がってよかった。

・情報モラル（項目36〜44）は，道徳でも，民間のセキュリティ教室でも学習しているから，自己評価が高いのだろう。

このように，学習経験の深まりを繰り返しチェックすることで，指導ができていることを確認したり，指導していなかったことに気がついたりします。

チェックリストは，「次に指導すべきこと」を提案するツールではありません。先生自身が，チェックリストの結果を参照しつつ，子どもの実態に応じて，決めていくことになります。しかし，子どもの学習経験が視覚化されることで，「今度国語のここで指導してみよう」など，様々なイメージが湧いてくるはずです。

参考文献

[1] 村上唯斗，野澤博孝，高橋純（2021）「情報活用能力指導の実施状況を把握するためのチェックリストの開発と評価」日本教育工学会論文誌，45（3）

[2] 文部科学省（2019）「情報活用能力の体系表例」

[3] 「情報活用能力チェックリスト」東京学芸大学　教育学講座　高橋純研究室（右のQRコードより）

10

簡単で効果的なことから
実践しよう

　ここでは，段階的にどのように1人1台タブレット活用を進めるとよいのか，授業活用に向けて段階的に取り組むとよいことをお伝えします。

まずは便利さの体験から

　授業で1人1台環境を活用することは，これまでの授業スタイルを変えることですので，ハードルが高いものです。実物投影機の授業活用が進んだのは，これまで準備に手間がかかっていたような教材を簡単に提示できるようになったり，子どもたちがノートを映しながら容易に説明できるようになったりしたからです。さらに，各教室に常設され，いつでも使えることになったことも大きいです。つまり，便利さを知ったことで，活用が進みました。

　1人1台タブレットとクラウド活用も同じです。すぐに授業での活用を始めようと各教科の授業活用事例を知らせ，各自の授業での活用を考えてもらうことは，最初にすべきことではありません。まずは，授業以外でどんどん活用しながら，1人1台タブレットとクラウド活用の利点である

情報共有と同時協働編集の便利さを体験してもらい，授業での活用へつなげていきます。

次の図はその事例の１つで，コロナ禍で休校だった時期に，学校再開計画案を全職員で共有したスプレッドシートです。１人１台タブレット整備前でしたが，学年ごとに相談したことを随時入力してすぐに共有でき，修正も簡単とその便利さを体感しました。もちろん，授業でどのような活用ができるのかそのイメージもつかむことができました。

学年会で出た意見５月８日（金）
ファイル　編集　表示　挿入　表示形式　データ　ツール　アドオン　ヘルプ
A1　1年生

	A	B	C
1	1年生	2年生	3年生
2	①２１・２２の日課・内容について	①２１・２２の日課・内容について	①２１・２２の日課・内容について
3	日課　・案の通りで	日課　・案の通りでOKです。	日課　・案の通りで
4	内容　・自己紹介、学級レク	内容　・課題確認、面談、自習	内容　・課題確認、教育相談、自己紹介カードの完成
5	・４月５月の振り返りアンケート		
6	・中学校のルール確認		
8	②２５～２９日の日課・内容について	②２５～２９日の日課・内容について	②２５～２９日の日課・内容について
9	日課　・案の通りで	日課　・案の通りでOKです。	
10	内容　・学級レク	内容　・手引きを使って授業の進め方を確認する。	内容　・教科の時間は授業に向けてオリエンテーション
11	・勉強の進め方		・学の時間はレク（アドじゃん）、進路指導
20	④その他　オンライン朝の会など	④その他　オンライン朝の会など	④その他　オンライン朝の会など
21	オンライン朝の会には前向きな意見が多数。（始めはうまくいかなくても、少しずつ対応していけばよい。）新たな課題が見えてきそう。今年の冬にも再流行するかもしれない。	要検討。登校日もあり、再開する見通しなので。休校が延長するなら実施しても。	生活習慣の乱れが気になる生徒が多いので一度トライしてみたい。ただ、うまく使えるか不安。

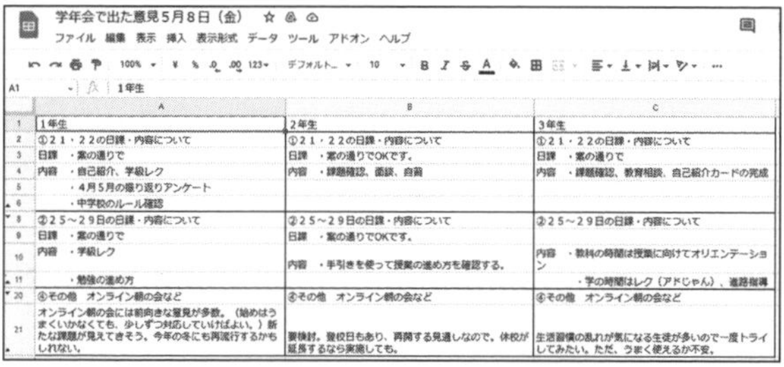

スプレッドシートでの情報共有例

日常業務で活用しながら授業活用イメージを

その後も，Google Jamboard やスライドも日常業務で活用しながら，授業だけでなく子どもたちの活動でどのように活用できるかイメージをつかむことができました。使ってみたいという意欲が高まることで，新たなスキルを習得するハードルは下がるものです。

特に研修の時間を設定することなく，職員会議などの最後に少し時間を設定して，スモールステップで体験を繰り

返していきました。実際の授業でもこのような活用からまず始め，子どもたちの活用も無理なく進んでいきました。

　また，従来は調査用紙を作成して行っていたいろいろな調査もフォームを活用して行うように変更しました。

　次の図は，初期の調査例です。授業の中で子どもたちに個別に聞いてみたいことがいろいろあっても，その後の手間から躊躇していたことが多くあります。ここでも，「便利だ！　ぜひ授業でも使ってみたい」ということで，つくり方をマスターしていきました。

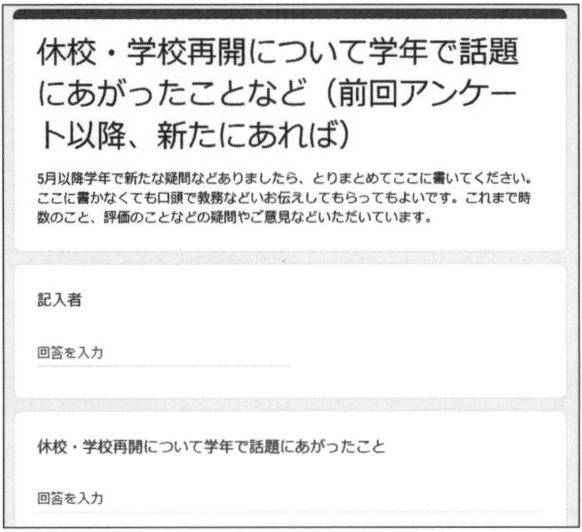

休校・学校再開について学年で話題にあがったことなど（前回アンケート以降、新たにあれば）

5月以降学年で新たな疑問などありましたら、とりまとめてここに書いてください。ここに書かなくても口頭で教務などにお伝えしてもらってもよいです。これまで時数のこと、評価のことなどの疑問やご意見などいただいています。

記入者

回答を入力

休校・学校再開について学年で話題にあがったこと

回答を入力

フォーム活用の初期事例

クラウド活用の教職研修で授業イメージ確立

ここまで体験してきたことを組み合わせて実際の授業で

活用するには，次の図のように実際の教職研修で Google Classroom を活用してみることが必要です。

Classroom を活用した初期の研修例

　このような研修を通して，実際の授業での活用イメージをはっきりつかむことができます。しかも，１か所に集まるのではなく，いろいろな教室で分かれて受講することで，オンライン授業のイメージもつかむことができ，段階的に準備をすれば実施可能であることもわかります。

　なお，Google Classroom の活用については，つくり方，課題の配信，コメントなどいくつか確認すべきことがあります。先生側と子ども側に分かれて実際の操作を体験してみるなど，きちんと研修をする必要があります。ただし，授業での活用イメージをつかんで，便利で使ってみたいという気持ちをもってから行わないと，単なる操作研修で終わってしまうことは，おわかりのことと思います。

11

仲間を増やして良き学校をつくろう

　ここでは，GIGA スクール構想で整備された環境を，授業以外でもフル活用することにより，よりよい学校づくりにつなげていくことについてお伝えします。

確実に情報の共有を

　GIGA スクール構想によって整備された環境は，子どもたちの学びを充実させるためだけのものではありません。Chapter2で紹介したように，まずは先生が使ってみて，その便利さを体感し，授業活用イメージをつかみ，授業活用を本格化させていきます。これと同時に，教職員の働き方を改革し，よりよい学校づくりを推進するためにも，どんどん日常業務で活用していくものです。

　さて，よりよい学校づくりのためには，いろいろな面での「共通理解」が必要です。そのために，情報の共有は欠かせないことです。しかし，共有したい情報や相談をしたい情報が多くあっても，集まって確認や相談をする時間は限られています。

　これまでも，校務支援システム等を活用して情報の共有

は行われてきました。しかし，ここまで説明してきたようなクラウド環境を活用すれば，これまで以上に容易に，しかも一方向の情報の共有ではなく，双方向で，しかも大量の情報の共有をいろいろな形で実現することができます。

　次年度に向けての改善点を共有する方法も変わりました。次の図のように，職員会議の資料を共有する Classroom に随時入力することができるようにスプレッドシートを用意しておくだけです。

改善点常時共有のしくみ

　年度末に向けた慌ただしい時期に，忘れかけていたことを思い出して入力，ではなく，行事等が終わった時点で，改善点をどんどん入力して共有します。職員会議などの資料の共有の場で，いつも見ているところですので，気軽に入力することができます。

　さらに，書き込まれた改善点について，必要に応じてChat でチャットルームを立ち上げて意見を求めれば，特に対面での会議を設定することなく，今後の実施案を作成することもできます。

ただし，注意する点があります。これまでに比べて多くの情報がスピーディーに共有されますので，混乱しないようにしていく必要があります。例えば，ＣｈａｔとＣｌａｓｓｒｏｏｍをうまく使い分けて情報の共有をします。日常のちょっとした情報の共有や情報交換はＣｈａｔを活用し，長期間共有する必要がある情報の共有にはＣｌａｓｓｒｏｏｍを活用するようにしておくと便利です。

より高度な情報の共有へ

　このようなクラウド環境の活用が浸透し始めると，従来から行ってきた活動をより便利にできるのではないかと気づくはずです。そのようなときは，まず気軽に試してみることです。

　試してみて，よければ続け，難しいなと思えば無理をせずにやめればよいのです。クラウド活用は始まったばかりで，まだ何が正解なのかはっきりしていません。

　次の図は，通学路点検のＣｌａｓｓｒｏｏｍです。

Ｃｌａｓｓｒｏｏｍ の通学路点検への活用

従来，地区別の地図を用意したり，子どもたちからの危険箇所情報を集約したり，とても手間がかかっていました。しかし，このような Classroom に必要な地図と集約用のフォームを用意すれば簡単にできます。しかも，常時集約用のフォームに書き込めるようにしておけば，これまでと違い，日常的に地域の情報を集め，共有することができます。

　さらに，次の図のように Google My Maps を活用して危険箇所 map を作成すれば，この地図の URL を保護者・地域・関係諸機関と共有するだけで簡単に危険箇所情報を共有でき，さらに最新情報を関係者が発信可能です。

Google My Maps を活用した通学路危険箇所 map

　一例を紹介しましたが，クラウド活用で情報も活動も共有でき，よりよい学校づくりにつながっていきます。

おわりに

　全国や埼玉県の学力・学習状況調査では，CBT（コンピュータ利用型テスト）化に向けた試行が行われようとしています。こうした取組は，グローバル社会の急速なデジタル化に対応しています。

　2010年代のPISAなど様々な国際調査を概観します。子ども，先生，ビジネスパーソン，いずれを対象にした調査でも，我が国は従来型の調査では上位ですが，デジタルに対応した調査では順位が下がることが明らかになっています。紙なら負けないといっても，今や紙と鉛筆のみで勝負するのは学校ばかりで，社会に出れば加えてICTを上手に活用することが求められます。従来型で成績が高いだけでは，卒業後に必要な能力と乖離が大きいと言えます。

　一方，PISA調査によれば，我が国の子どもたちも世界第1位のICT活用法があります。それは，ゲームとチャット（例：LINE）です。つまり，日本の子どもにとってのICTは遊びの道具であり，学習や仕事のための道具というイメージは小さいと言えます。よく子どもはICT活用が得意であり，教えなくてもできると言われますが，その実態は遊びのレベルと言えます。先に述べた通り，ICT活用を含んだ学習に関するテストをすれば，成績は紙より下がります。つまり，紙と同様に，しっかりと指導しないと力はつかないのです。

そして，我々大人も，ICT を勉強に邪魔な道具と思っている節があります。それは，こうした遊びに活用する印象が強いからでしょう。動画サイトを禁止するなど様々な利用制限も，遊びやふざけを防ぐ意味合いが強いと思います。ICT が，第一に学習や仕事の道具であると心から思っているかどうか，それにより活用法やルールが変わります。今，学校では，これまでデジタル化に向き合ってこなかったツケを払っている苦難の状態と言えます。

　春日井市では，GIGA スクール構想のために子ども向けソフトの導入はなるべく避け，国が定める標準的な仕様で整備しました。つまりは，世界中のビジネスパーソンも活用する標準的な ICT 環境が教室にやってきたのです。それは学習だけではなく，学校生活のすべてで活用ができることを意味します。本書では特定のソフト名が出ておりますが，いずれも代わりのある汎用のものばかりです。それでも，学校生活や学習が大きく変わりました。
　学校のデジタル化は始まったばかりです。将来，さらに大きく発展することを祈念しています。

著者を代表して
高橋　純，水谷年孝

【執筆者一覧】（五十音順）

石原　浩一（愛知県春日井市立松原小学校
　　　　　　Chapter 1 - 6，3 - 4，9，10，11）

今井　　佑（愛知県春日井市立出川小学校
　　　　　　Chapter 1 - 9）

井村亜紀子（愛知県春日井市立高森台中学校
　　　　　　Chapter 2 - 1）

小川　　晋（愛知県春日井市立高森台中学校
　　　　　　Chapter 2 - 4，5）

垣内友加里（愛知県春日井市立藤山台小学校
　　　　　　Chapter 1 - 3，10，3 - 5）

利見　直紀（愛知県春日井市立出川小学校
　　　　　　Chapter 3 - 7）

加藤　隼也（愛知県春日井市立出川小学校
　　　　　　Chapter 3 - 3，8）

小池　速人（愛知県春日井市立出川小学校
　　　　　　Chapter 1 - 7）

佐藤　和紀（信州大学学術研究院教育学系
　　　　　　Chapter 4 - 7，8）

高橋　　純（東京学芸大学教育学部
　　　　　　Chapter 4 - 1，2，3，4，5，6）

仲渡　隆真（愛知県春日井市立出川小学校
　　　　　　Chapter 1 - 2，4，12，13，14）

長縄　正芳（愛知県春日井市立高森台中学校
　　　　　　Chapter 2 - 3，6）

久川　慶貴（愛知県春日井市立藤山台小学校

Chapter 2 − 8 ， 3 − 6 ， 14 ， 15）

福井　美有（愛知県春日井市立出川小学校

Chapter 3 − 12 ， 13）

前川　健治（愛知県春日井市立藤山台小学校

Chapter 1 − 16 ， 17 ， 18）

水谷　年孝（愛知県春日井市立高森台中学校

Chapter 1 − 15 ， 2 − 2 ， 7 ， 4 − 10 ， 11）

村上　唯斗（東京学芸大学大学院連合学校教育学研究科

Chapter 4 − 9 ）

望月　覚子（愛知県春日井市立出川小学校

Chapter 1 − 1 ， 11 ， 3 − 1 ， 2 ）

山川　敬生（愛知県春日井市立出川小学校

Chapter 1 − 8 ）

湯浅　　公（愛知県春日井市立出川小学校

Chapter 1 − 5 ）

【編著者紹介】

高橋　　純（たかはし　じゅん）

東京学芸大学教育学部・准教授，独立行政法人教職員支援機構客員フェロー，博士（工学）。教育工学，教育方法学に関する研究に従事。中央教育審議会臨時委員（「令和の日本型学校教育」を担う教師の在り方特別部会・委員など），文部科学省「GIGA スクール構想に基づく1人1台端末の円滑な利活用に関する調査協力者会議」委員，文部科学省「学校施設の在り方に関する調査研究協力者会議　新しい時代の学校施設検討部会」委員等を歴任。第17回日本教育工学会研究奨励賞受賞。日本教育工学会理事，日本教育工学協会副会長など。

水谷　年孝（みずたに　としたか）

愛知県春日井市立高森台中学校校長。1982年より愛知県春日井市立中学校教諭，教頭，春日井市教育委員会指導主事，春日井市立小学校校長，春日井市教育委員会主幹，教育研究所所長，春日井市立出川小学校校長を経て，2020年4月より現職。春日井市情報教育部会長，春日井市学校情報機器検討委員長として春日井市の教育の情報化を長年推進。文部科学省「学校におけるICT 環境整備の在り方に関する有識者会議委員」「ICT 活用教育アドバイザー」を務める。

　1人1台タブレットではじめる
　小学校 ICT の授業づくり　超入門！

2021年10月初版第1刷刊 ©編著者	高　橋　　　純
	水　谷　年　孝
発行者	藤　原　光　政
発行所	明治図書出版株式会社

http://www.meijitosho.co.jp
（企画）赤木恭平（校正）宮森由紀子
〒114-0023　東京都北区滝野川7-46-1
振替00160-5-151318　電話03(5907)6701
ご注文窓口　電話03(5907)6668

＊検印省略　　　　　　組版所　株　式　会　社　カ　シ　ヨ

本書の無断コピーは，著作権・出版権にふれます。ご注意ください。

Printed in Japan　　　　　　ISBN978-4-18-343520-0
もれなくクーポンがもらえる！読者アンケートはこちらから